1789
1889

VILLE DE VERSAILLES

Fêtes du Centenaire de 1789

VERSAILLES

IMPRIMERIE CERF ET FILS

59, RUE DUPLESSIS, 59

VILLE DE VERSAILLES

Fêtes du Centenaire de 1789

SIMPLES RÉCITS

PAR

L. A. GATIN

Secrétaire général de la Mairie, officier de l'Instruction publique

ET

EUGÈNE DUBIEF

Rédacteur en chef du *Journal de Versailles*, officier d'Académie

DESSINS DE F. PRODHOMME

PUBLIÉ SOUS LES AUSPICES

DE LA MUNICIPALITÉ ET DU CONSEIL MUNICIPAL

VERSAILLES

IMPRIMERIE CERF ET FILS

59, RUE DUPLESSIS, 59

MDCCCXCI

Pougeron, Vigneret

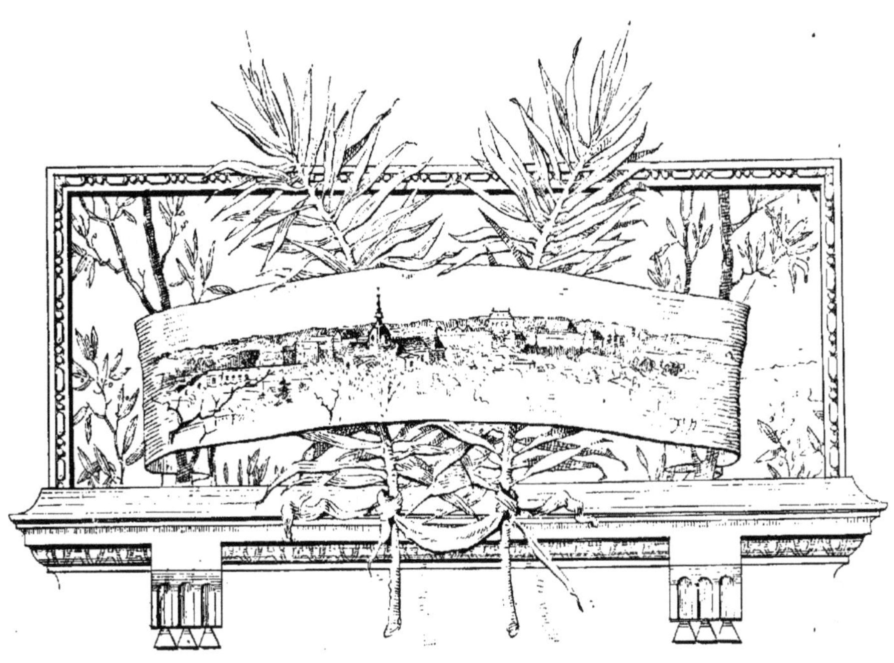

INTRODUCTION

La ville de Versailles, berceau de la Révolution Française, théâtre des principaux événements qui ont amené notre émancipation civile et politique, ne pouvait se dispenser de célébrer avec solennité le centenaire de la mémorable année 1789.

Choisir les 5 mai, 20 juin et 4 août, c'était permettre à tous les Français de s'associer à nos réjouissances patriotiques. Si, en effet, les fêtes versaillaises du Centenaire devaient mettre en lumière les conquêtes du Tiers-État, elles commandaient aussi la reconnaissance de la Nation en rappelant le consentement donné spontanément par les classes privilégiées aux

2

réformes qui ont affranchi la majorité des citoyens et entraîné leur égalité complète devant la loi.

Cette pensée a été comprise assurément, et c'est à elle que nous devons attribuer, au moins dans une certaine mesure, le succès des fêtes que la municipalité a données, l'an dernier, avec le concours si bienveillant du gouvernement de la République.

Mais précisément à cause du succès de ces fêtes, il nous a semblé qu'il serait regrettable de ne pas réunir les divers documents relatifs à leur laborieuse organisation et de ne pas mettre en lumière les noms des collaborateurs dévoués de la municipalité.

En priant MM. Gatin et Dubief de rédiger un mémoire relatif aux fêtes célébrées à Versailles en 1889, nous avons voulu prévenir ces omissions et donner un témoignage durable de gratitude aux nombreuses personnes qui ont consenti à nous prêter leur concours à des titres si divers.

Ce mémoire est divisé en deux parties : la première est une suite de récits destinés à rappeler l'esprit et la physionomie de chacune de nos grandes fêtes ; la seconde contient les documents de toutes natures : listes des commissions d'organisation, programmes, consignes, arrêtés, plans, discours, etc., etc.

L'intérêt que présente ce travail nous a inspiré le désir de le livrer à l'impression en y ajoutant quelques dessins qui feront revivre celles des scènes retracées ayant un caractère original ou uniquement versaillais.

Versailles, le 9 juin 1890.

Le Maire de Versailles,

ÉDOUARD LEFEBVRE.

PREMIÈRE PARTIE

SIMPLES RÉCITS

ORGANISATION DES FÊTES

LA FRANCE s'apprêtait de toutes parts à célébrer le Centenaire de 89. Versailles qui a été le berceau de la Révolution, Versailles où se sont accomplis les faits les plus décisifs, les plus purs, les plus universellement acceptés et bénis de notre rénovation politique, pouvait-il ne pas s'associer, avec un éclat tout particulier, à cette manifestation de piété nationale ?

L'administration municipale ne l'a pas pensé. Dès le 25 avril 1888, un arrêté du Maire de Versailles instituait une commission d'étude.

Complétée par décisions successives, cette Commission se composa définitivement de membres du Conseil général de Seine-et-Oise et du Conseil municipal de Versailles, des directeurs des services publics et des présidents des Sociétés savantes ou artistiques qui pouvaient prêter utilement leur concours [1].

Destinée à siéger jusqu'en août 1889, elle se mit à l'œuvre avec beaucoup de zèle dès le mois d'octobre 1888. Elle eut à tenir dans

1. Voir la liste des membres aux pièces annexes.

cet intervalle d'importantes et nombreuses séances et décida, dès le début, qu'il y avait lieu :

1° De maintenir en 1889 les fêtes ordinaires ;

2° De célébrer, en outre, avec la plus grande solennité, les centenaires du 5 mai 1789 (Ouverture des États-Généraux); du 20 juin 1789 (Serment du Jeu de Paume); du 4 août 1789 (Abandon des Privilèges). Ces dates, en effet, sont les plus significatives, les plus lumineuses de l'œuvre émancipatrice accomplie par nos pères, et elles n'ont pas coûté une seule larme à l'humanité ;

3° Enfin, on fut d'avis qu'il convenait de demander la participation et le concours du Gouvernement.

Ces grandes lignes arrêtées, la Commission du Centenaire désigna une sous-Commission dite d'exécution [1], chargée de régler les détails et notamment de préparer la rédaction des programmes.

Cette Commission, elle aussi, a rendu les plus grands services à la Municipalité par l'assiduité et la compétence toute spéciale de ceux qui la composaient.

Pour permettre aux membres de la Commission du Centenaire de se faire reconnaître en toute circonstance, il leur fut remis un

1. Voir la liste aux pièces annexes.

insigne rendu authentique par la signature du Maire. C'était une carte ronde, de 7 à 8 centimètres de diamètre, suspendue à la boutonnière par un petit ruban tricolore. Elle portait à la face et au revers une charmante vignette gravée d'après les dessins de M. Prodhomme.

Pendant que la Commission d'exécution se livrait à ses travaux, la Municipalité agissait pour obtenir le concours de l'État et la présence du Gouvernement aux fêtes si vraiment nationales qui allaient se célébrer. Ce fut une tâche relativement facile, grâce à une heureuse rencontre de bonnes volontés, grâce aussi et surtout à l'affabilité et à la bienveillance de M. le Président de la République. Le Maire de Versailles avait profité, au 1er janvier, de la visite accoutumée au Chef de l'État pour obtenir la promesse personnelle de M. Carnot : elle devait lever à Paris bien des difficultés.

Mais, ici, que d'autres soins à prendre ! que de mesures à concerter ! que de gens à mettre en mouvement ! Aucun de ceux qui firent partie de la *procession des parapluies* ne l'oubliera jamais.

Peu de jours avant le 5 mai, par une pluie diluvienne, les habitants de l'avenue de Paris qui osaient mettre le nez à la fenêtre purent voir s'avancer gravement, majestueusement, au milieu de la chaussée, une trentaine de personnages, tous plus ou moins officiels, tous armés de parapluies, s'arrêtant de place en place, et semblant chercher la solution de problèmes multiples. Parmi eux, un homme d'un certain âge, tout de gris habillé, se faisait remarquer par une activité débordante. Partout où il se portait se portaient les yeux de tous ; on eût dit l'âme du groupe, le *Deus ex machina* antique. C'était bien lui, en effet : c'était M. Alphand, commissaire général des fêtes du Centenaire, l'ordonnateur universel et infatigable de l'Exposition, le roi inamovible de la Ville de Paris. Jamais vous ne verrez homme plus étonnant, fonctionnaire mieux créé pour ses fonctions. Que de choses accumulées dans ce cerveau d'artiste ! et comme à propos tout en sort ! Voici le menu d'un dîner à côté d'une conception grandiose; voici le programme d'un concert avec le plan d'un jardin ou l'architecture d'un palais. Que désirez-vous encore? vous n'avez qu'à dire. Ce magicien voit tout, combine tout, dirige tout, embellit tout. Il s'échauffe souvent, mais ne s'étonne jamais; les obstacles l'inspirent. Témoin les pylones décoratifs édifiés avec tant de soin par le génie et l'artillerie, et qui furent si vite déplacés, à l'émoi momentané de la population. A la suite de dispositions nouvelles arrêtées le même jour, M. Alphand, d'un clin d'œil, avait jugé qu'ils seraient trop rapprochés de la tribune officielle, qu'ils y gêneraient le défilé, et il avait décrété d'un mouvement de sourcils qu'on les reporterait plus loin, à la Patte-d'Oie, où ils élargirent l'horizon de la fête.

Mais, dira-t-on, durant cette longue journée où se décidèrent tant de choses, quelqu'un notait sans doute les résolutions prises? Pas le moins du monde. Le soir, à l'hôtel des Réservoirs, pendant une collation offerte par la Ville, entre un verre de madère et un macaron, M. Alphand fit revivre la journée dans une sorte de conférence intime, il en ressuscita les divers incidents, il en réimprovisa toutes les résolutions; il rappela à chacun la part qui lui incombait dans la préparation et l'exécution de la prochaine cérémonie.

Car les trente parapluies de la procession, on l'a sans doute deviné, recouvraient les membres d'une Commission exécutive nommée par le Gouvernement pour régler les détails de la fête du 5 mai. Cette Commission renfermait les représentants du Président de la République, ceux de plusieurs ministres, ceux de l'autorité militaire; M. Albert de Girardin, préfet de Seine-et-Oise; M. Laurent, secrétaire général de la Préfecture de Seine-et-Oise, dont le concours empressé fut si précieux à la Municipalité pour les diverses fêtes du Centenaire; M. le Maire de Versailles et les chefs des principaux services intéressés.

Peut-être même, il faut tout dire, doit-on attribuer à ce luxe de rouages, obéissant forcément à des directions différentes, quelques-unes des petites imperfections qui se sont produites. Telle fut, par exemple, la promenade à vide de la chaise de poste qui avait amené le Président de la République et qui errait sans trouver sa voie entre la double haie des troupes. Personne, du reste, ne fut tenté de s'en plaindre : la foule se fût réjouie plutôt d'un incident qui permit d'admirer tout à l'aise les splendides culottes jaunes et les habits vert-pomme des postillons.

Ni ce menu détail, ni quelques autres du même genre, ne sauraient autoriser une critique légitime des dispositions prises. Il y a lieu de proclamer, au contraire, que tout ce qui peut être prévu humainement l'avait été par les organisateurs, et l'on doit toujours s'étonner en pareilles circonstances que ces légères erreurs ne se produisent pas plus nombreuses. Elles fournissent à la gaieté française un aliment de plus et tout est dit.

Notre tâche serait imparfaitement remplie si, à côté des Commissions d'organisation, nous ne nommions les Administrations et les Sociétés locales qui ont eu à intervenir dans la préparation ou la célébration des fêtes du Centenaire.

En première ligne M. de Girardin, préfet de Seine-et-Oise, et M. Bargeton, son successeur.

M. Laurent, secrétaire général de la Préfecture.

MM. les généraux Macé et Pagès ainsi que leurs officiers d'ordonnance, MM. les capitaines Compagnon et Ravenez.

Le service des eaux : M. Fouraignan, directeur ; M. Richard, inspecteur principal.

Les services du Palais : M. Marcel Lambert, architecte ; M. Gosselin, conservateur des Musées.

Le service des Postes et Télégraphes dirigé par M. Lechevallier, qui a su si habilement prendre ses dispositions pour que les nombreuses dépêches expédiées dans les journées du 5 mai et du 20 juin pussent être transmises sans retard.

La Société des Fêtes versaillaises, dirigée par M. Victor Bart et administrée par nombre de nos concitoyens, toujours empressés à se consacrer avec zèle et intelligence à l'organisation de nos solennités publiques.

La Société de gymnastique, présidée par M. Védrine et ayant pour professeurs MM. Minssen, Dubillon, Lallemand et Auguste.

Toutes les Sociétés musicales de la ville : Philharmonique, Orphéonique, Fanfare municipale et Fanfare Fleury.

Enfin la Société colombophile de Versailles.

On trouvera aux documents annexés copie des arrêtés et des consignes rédigés en vue d'assurer l'ordre public au milieu du plus incroyable concours de population.

Essayons maintenant, après ce préambule indispensable, de suivre dans son développement la première et la plus importante de ces belles cérémonies.

FÊTE DU 5 MAI

IL est d'usage, quand le Chef de l'État se rend officiellement dans une ville, de décorer les rues, de leur donner un air d'apparat qui témoigne de la joie des habitants. Versailles, qui se prête si admirablement aux cérémonies publiques en leur offrant le cadre grandiose de ses avenues, rend fort difficile, en revanche, la tâche de l'architecte décorateur. Les arcs de triomphe que d'autres municipalités aiment à dresser, les motifs décoratifs, de tant d'effet ailleurs, chez nous semblent s'évanouir, écrasés par la perspective environnante qui leur prête l'apparence de constructions étiques et mesquines. Pour parer la ville du grand Roi, il faudrait dérober l'Arc-de-triomphe de l'Étoile.

M. le général Macé, dont l'amabilité et l'obligeance sont si justement appréciées, autorisa l'Armée à se mettre à notre disposition et elle le fit avec l'empressement gracieux qu'on rencontre toujours chez elle. Son concours, dont on ne saurait trop la remercier, nous a permis, sans dépasser l'effort financier que comportaient nos ressources, d'accueillir d'une façon originale, dès leur entrée, le Président de la République et les représentants du Pays.

Tout Versailles était allé voir d'avance les quatre pylones dressés avenue de Paris, par nos braves troupiers de l'artillerie et du génie. Tous les étrangers accourus dans notre ville en ont admiré comme nous la conception réellement intéressante. Des pyramides de boulets, des obusiers, des canons anciens et nouveaux garnissent les abords ; des écouvillons, des refouloirs, des rames, des gaffes, disposés en éventail, surmontent un élégant échafaudage de chevalets, de chèvres, de barques, de matériel de ponts et de mines ; des trophées d'armes, de casques, de cuirasses, d'outils du génie sont disposés au-dessus ; enfin, des drapeaux, des petites flammes aux couleurs nationales, des branchages verts habilement entremêlés à cet attirail de guerre y apportent de la lumière et de la gaieté [1].

Ces pylones accompagnaient le plus heureusement du monde une sorte de portique formé de mâts et de drapeaux et surmonté de cette inscription :

5 MAI 1789 — 5 MAI 1889

sur une banderole tendue en travers de la chaussée.

Le Maire de Versailles avait, le 20 avril, adressé à la population l'appel suivant :

1. Les pylones furent édifiés par des détachements de soldats du génie et d'artillerie sous les ordres de M. le capitaine Garlandier du 1er génie et de MM. Paré, lieutenant au 1er génie, et Huet de Paisy, lieutenant d'artillerie.

CHERS CONCITOYENS,

L'État et la ville célèbreront à Versailles, le 5 mai prochain, le Centenaire de l'ouverture des États-Généraux.

Le Président de la République, les Ministres, les Membres du Parlement, les Corps constitués et enfin l'Armée doivent, par leur présence, rehausser l'éclat de cette solennité.

Je vous prie instamment de pavoiser et d'illuminer vos demeures, comme témoignage de gratitude à nos hôtes éminents et de bienvenue à nos nombreux visiteurs.

Le Maire de Versailles,

ÉDOUARD LEFEBVRE.

LA SOIRÉE DU 4 MAI

UNE pensée excellente, émise d'abord par un journal local [1], et qui reçut bientôt dans la Commission tout son développement, avait été de faire précéder la commémoration de chacune de nos trois grandes dates par une conférence donnée la veille au soir et rappelant le détail historique, la portée philosophique des faits accomplis. Par une pensée non moins bonne, on chargea la Bibliothèque populaire de Versailles, si experte en telle matière, de l'organisation de ces conférences. On eut enfin l'heureuse idée d'y ajouter un concert patriotique, dont le programme [2] se composait principalement des chants glorieux qui, tant de fois, ont conduit nos pères à la victoire.

La première conférence, faite par M. Ledru, avocat, maire du Vésinet, eut lieu au théâtre des Variétés.

1. Le *Journal de Versailles.*
2. Voir aux pièces annexes.

M. Lenoir, adjoint au Maire, avant de donner la parole au conférencier, prononce l'allocution suivante :

MESDAMES, MESSIEURS,

Il y a dix-huit siècles, le fils du charpentier de Nazareth révélait au monde étonné le dogme divin de la Fraternité humaine. Cette idée, qui nous paraît si simple et si naturelle aujourd'hui, ne fut cependant accueillie que par quelques gens du peuple. Ceux qui détenaient le pouvoir à tous les degrés, les puissants Pharisiens, virent un ennemi dans le divin novateur, et ils le pendirent.

Mais l'idée n'était pas perdue ; comme tout ce qui est juste, comme tout ce qui est bon, comme tout ce qui est sage, elle chemina à travers les peuples, non sans peine toutefois, et finit par triompher.

A l'époque où elle parut, l'esclavage était de droit commun : l'homme et la femme étaient vendus sur les marchés publics comme de vils animaux, le possesseur avait sur eux tous les droits, même celui de vie et de mort.

Grâce à la pensée que le Christ avait jetée parmi les hommes, l'esclavage se modifia dans la société chrétienne ; on ne sépara plus pour les vendre le père de la mère, les enfants des parents ; on ne les vendit plus qu'en bloc, avec la terre sur laquelle ils vivaient : c'étaient des objets faisant partie de l'exploitation du sol, comme les outils ou les machines d'une usine. Et quelle était la condition de nos malheureux ancêtres ? Car la plupart d'entre nous, nous descendons de ces serfs de la glèbe, sorte d'animaux domestiques inséparables du domaine. Vous jugerez de ce qu'elle était au moyen âge par le tableau suivant que nous en fait La Bruyère au XVIIe siècle, sous le règne du plus grand et du plus fastueux de nos rois, de celui qui a laissé dans notre cité tant de restes magnifiques de sa splendeur.

« On voit, dans les campagnes, certains animaux farouches, des mâles » et des femelles, noirs, livides et tout brûlés du soleil, attachés à la terre » qu'ils fouillent et qu'ils remuent avec une opiniâtreté invincible ; ils ont » comme une voix articulée ; et quand ils se lèvent sur leurs pieds, ils » montrent une face humaine, et en effet ils sont des hommes. Ils se » retirent la nuit dans des tanières où ils vivent de pain noir, d'eau et » de racines ; ils épargnent aux autres hommes la peine de semer, de » labourer et de recueillir pour vivre et méritent ainsi de ne pas manquer » de ce pain qu'ils ont semé. »

Voilà ce qu'étaient nos ancêtres il y a deux siècles seulement. Comparez leur situation avec la nôtre, et jugez du progrès accompli.

Il a fallu notre immortelle Révolution pour faire passer dans la pratique générale des faits et dans les lois cette fraternité que le christianisme prêchait depuis dix-huit cents ans et qui était encore si éloignée du but entrevu.

C'est dans notre ville que se sont accomplis les trois grands actes qui sont toute la Révolution : l'ouverture des États-Généraux, qui proclamait l'égalité des représentants de la nation et par conséquent l'égalité des hommes, le Serment du Jeu-de-Paume, qui signifiait à la Royauté que la Nation, par ses représentants, est supérieure au Roi, et enfin la célèbre nuit du 4 août, qui abolissait les privilèges sous lesquels le peuple avait gémi depuis des siècles.

C'est donc avec raison que la ville de Versailles a voulu célébrer magnifiquement le Centenaire de ces immortelles journées du 5 mai, du 20 juin, et du 4 août.

Les Administrateurs de la Bibliothèque populaire, dont le dévouement à l'éducation publique est depuis longtemps connu, vont réaliser l'excellente idée de faire précéder ces fêtes de conférences publiques qui en sont comme la préface, et dans lesquelles des orateurs distingués doivent faire revivre sous nos yeux, avec le concours de nos savants et dévoués professeurs, MM. Eugène Lefèvre et Fontaine, les circonstances des grands événements que nous célébrons, afin de nous faire mieux aimer les ancêtres à qui nous devons les bienfaits de la Révolution.

Au nom de l'Administration municipale, je remercie MM. les Administrateurs de la Bibliothèque populaire. Je remercie également l'honorable M. Ledru d'avoir bien voulu accepter de faire, avec le talent que nous lui connaissons, cette première conférence ; et ne voulant pas retarder le plaisir que nous aurons de l'entendre, je lui donne la parole [1].

« Vous n'avez pas, dit M. Ledru, à me remercier, mon cher Président. Je dois au contraire exprimer toute ma gratitude à la municipalité de Versailles, au Comité des fêtes du Centenaire et au Conseil de la Bibliothèque populaire pour m'avoir appelé à retracer devant un pareil auditoire, les premières journées de la Révolution française. A un pareil honneur je n'avais qu'un titre, c'est de descendre de l'un de ces députés du Tiers-Etat dont les lumières, les

1. Le récit qu'on va lire est emprunté à un journal du temps.

efforts et l'énergie ont fondé la Société moderne. (*Applaudissements.*)

» Le récit que je viens vous faire, j'en ai puisé les éléments dans sa correspondance, dans les souvenirs qui ont bercé ma jeunesse, pieusement transmis d'une génération à l'autre comme l'ont été les traditions qui, depuis un siècle, ont fait de tous les petits-fils de l'ancien constituant des serviteurs fidèles, dévoués et résolus de la liberté et de la démocratie. » (*Applaudissements prolongés.*)

M. Ledru rappelle en termes saisissants les douleurs de l'ancienne France, l'avortement des Etats-Généraux de 1614, l'espérance que donnaient ceux de 1789. Il prend la procession des députés au sortir de Notre-Dame et dessine au passage, avec un vif relief, chacun de ceux qui vont jouer un rôle important. Nous ne referons pas avec lui un récit dont nos lecteurs ont déjà eu sous les yeux, par la plume de Biauzat et celle de Mirabeau, les principaux détails ; mais nous essaierons de reproduire sa chaleureuse péroraison qui est à la fois une page d'histoire et une leçon de bonne politique :

Si on se demande comment les hommes de la Constituante purent accomplir en deux années la plus grande révolution qu'ait vue une seule génération de mortels, nous répondrons que la Révolution était faite dans les idées et dans les mœurs avant de l'être dans les lois. Les réformes qu'elle accomplit étaient mûres. C'était le fruit de l'étude, de l'expérience, non pas de plusieurs années, mais de plusieurs siècles. Aux États-Généraux de 1355, nous voyons Étienne Marcel, prévôt des marchands de Paris, émettre des vœux, tenter des réformes qui diffèrent peu des principes de 1789. Il compromit son œuvre par les violences et les cruautés qui étaient dans le tempérament de son époque ; mais ses traditions lui survécurent. Pendant les siècles qui ont suivi, à travers bien des vicissitudes et des épreuves, la bourgeoisie française s'est préparée et élevée progressivement à la pratique de la liberté.

Voilà pourquoi le temps respectera une œuvre qui, malgré les apparences, ne s'est pas passée du concours du temps. Voilà pourquoi cet ensemble d'idées et d'institutions, qu'on appelle les principes de 1789, et qui forme l'atmosphère dans laquelle nous vivons et respirons, est le patrimoine commun et indestructible de tous les Français. Il n'est pas l'apanage d'une secte ou d'un parti ; il appartient à tous ceux qui ont le culte de la liberté, qui croient à la souveraineté nationale, qui ont à cœur l'unité et l'intégrité du territoire français, l'union intime de ses provinces, tellement fondues en un seul corps qu'aucune ne peut en être séparée sans que la plaie saigne toujours. (*Applaudissements.*)

S'il était permis à nos grands ancêtres, en ce jour solennel, de nous faire entendre leur voix, ils nous diraient que la meilleure manière d'honorer leur mémoire, c'est de nous unir, à la veille des grandes assises du travail international, de nous unir sous l'égide de la République, de la République fille de 1789, de la République gouvernement nécessaire et définitif de la démocratie, de la République qui, pas plus que la Révolution, n'est le patrimoine exclusif d'une secte ou d'un parti, mais qui est largement ouverte à toutes les énergies, à toutes les volontés, prête à accueillir, à grouper, comme dans un temple national, suivant la forte expression de Gambetta, tous ceux qui veulent travailler, sans arrière-pensée, à la grandeur de la France et à la reconstitution de son patrimoine ! (*Triple salve d'applaudissements.*)

LA JOURNÉE DU 5 MAI[1]

Le 5, dès la première heure, la foule bigarrée des camelots, des marchands de fleurs nationales ou de médailles commémoratives, des mendiants avec ou sans musique s'abattait sur notre ville annonçant par sa présence que l'heure des liesses allait sonner.

Tous les trains qui arrivaient étaient bondés. En vain l'atmosphère était-elle d'une lourdeur désespérante; en vain une pluie d'orage s'était-elle mise à tomber, il fut visible pour tous dans la matinée que rien n'arrêterait l'affluence des assistants.

Jamais, de mémoire d'homme, on n'avait compté tant de monde chez nous[2]. L'Epiménide qui se serait endormi le 5 mai 1789 et eût enfin secoué son sommeil se serait cru, aux costumes près, en face

1. Voir le programme aux pièces annexées.

2. M. le docteur Ricord, malgré ses quatre-vingt-dix ans, est parmi les assistants. Il s'est placé sur la terrasse de l'Hôtel-de-Ville où nous l'apercevons accompagné de Mme Guétonny, sa nièce.

de la même foule. Nos rues et nos avenues, que leur largeur d'ordinaire fait paraître désertes, étaient littéralement remplies. Aux abords de l'avenue de Paris, on avait une grande peine à circuler, et on put voir, comme le jour de la procession des Etats-Généraux, des hommes perchés sur les toits ou des gamins nichés dans les arbres.

Et en même temps quel interminable défilé de voitures ! fiacres, coupés, calèches, tapissières, guimbardes, tout avait été réquisitionné, envahi. On dit même que les landaus faisaient prime jusque dans les rues de Paris.

Le public affluait toujours, cherchait de toutes parts à se caser. Les possesseurs de cartes très agités eux-mêmes n'ont qu'un souci : trouver le chemin conduisant à la bienheureuse place qui les attend.

Autour des enceintes réservées [1], le service d'ordre se multipliait de son mieux, aidé par le zèle et l'activité des commissaires [2]. Il y eut bien par ci par là quelques audacieux qui parvinrent à se faufiler et à usurper un rang qui ne leur était pas dû : que ceux qui se sentent incapables d'en faire autant leur jettent la première pierre !

1. Voir le plan aux documents annexes.
2. Voir la liste aux pièces annexes.

Dirons-nous, parmi ces audacieux usurpateurs, un cultivateur des environs de Montfort-l'Amaury qui parvint, avec une simple carte rose, à s'introduire au rang des cartes blanches ; mieux encore, à s'approcher de la tribune présidentielle, où, commodément accoudé, il entendit tout à l'aise les discours prononcés ? Le cas, peut-être, ne semblerait pas bien surprenant : voici qui est moins banal.

Dans l'enceinte que la municipalité avait établie de sa propre initiative et réservée aux dames, osa pénétrer qui ? non pas un Français, tous en seraient incapables, mais un étranger, un Américain sans doute, et des plus barbus. Juché, ou pour mieux dire incrusté sur sa chaise, il refusa itérativement d'obéir aux injonctions du commissaire qui l'invitait à se retirer. « J'ai fait, disait-il, plusieurs milliers de lieues pour venir voir votre fête ; vous me ferez enlever si vous voulez, mais je ne partirai pas. » On renonça à employer, contre ce Mirabeau yankee, la force des baïonnettes.

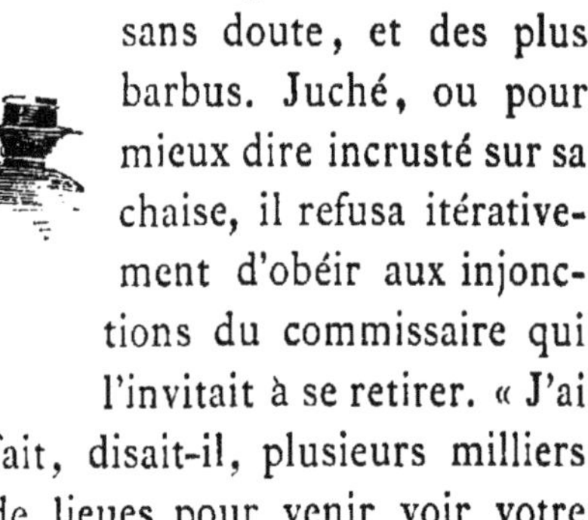

Et la foule croissait toujours ! Elle s'agita longuement et joyeusement quand les troupes quittèrent leurs quartiers pour se rendre à la place qui leur avait été assignée.

Outre sa garnison habituelle, Versailles eut l'honneur, ce jour-là, de recevoir les corps suivants :

Ecole Polytechnique,
Ecole spéciale militaire de Saint-Cyr,
18e bataillon de chasseurs à pied,
5e et 89e régiments d'infanterie,
Escadron de Saint-Cyr,
4e et 5e régiments de chasseurs à cheval.

LA FÊTE DU 5 MAI.

On trouvera aux pièces annexes l'ordre contenant toutes les indications sur la disposition des troupes, tant sur le passage du Président de la République que pour le défilé, ainsi que les noms des généraux qui les commandaient.

Les sapeurs-pompiers de la Ville, dont chacun a été à même d'admirer la tenue, avaient été appelés, sur la demande du Maire, à figurer dans la cérémonie et chargés du service d'honneur à la tribune présidentielle devant laquelle ils étaient placés.

A deux heures précises, le canon qui tonne de minute en minute, et les cloches de toutes les églises qui sonnent à pleines volées annoncent l'arrivée du chef de l'État.

Le Conseil municipal [1] s'était porté à sa rencontre jusqu'à la grille de Paris, redorée pour la circonstance. La présentation du corps municipal devait avoir lieu au moment où le Président de la République quitterait sa voiture de voyage pour son équipage de gala.

M. Carnot répondit aux compliments de bienvenue en quelques mots d'une grande cordialité.

Le cortège présidentiel, complété par les voitures de la municipalité, pénètre ensuite dans Versailles et parcourt l'avenue de Paris,

1. Voir aux pièces annexes la liste des membres du Conseil municipal présents.

bordée de deux haies de troupes qui rendent les honneurs militaires et d'une foule enthousiaste poussant des cris de : Vive Carnot !

Son arrivée à l'ancien hôtel des Menus-Plaisirs est saluée par l'hymne national, que joue la musique du 89e de ligne.

Le Chef de l'État et les personnes que les règles de la préséance appellent près de lui ayant pris place sur l'estrade, M. Édouard Lefebvre, maire de la Ville, adresse au premier magistrat de la République l'allocution suivante, soulignée à plusieurs reprises par d'unanimes applaudissements :

MONSIEUR LE PRÉSIDENT,

J'ai l'insigne honneur d'être l'interprète de mes concitoyens pour vous souhaiter la bienvenue à l'endroit même qui fut le berceau de la Révolution française; où s'accomplirent les événements mémorables que rappellent les dates pures et lumineuses des 5 mai, 20 juin et 4 août 1789.

Nous sommes heureux et fiers de vous recevoir et en saluant le premier magistrat de la République, de saluer aussi les hommes éminents qui l'accompagnent et l'entourent.

Il y a un siècle, Monsieur le Président, les représentants de la Nation se réunissaient dans cet ancien hôtel des Menus-Plaisirs; par leur patience, leur volonté, leur abnégation, ils forçaient la formation de la grande Assemblée constituante et ouvraient l'ère de la liberté.

La France, tout entière, en célébrant aujourd'hui le Centenaire de l'ouverture des États-Généraux, rend hommage à la mémoire des trois Ordres, mais particulièrement à ces modestes députés du Tiers-État, devenus de si fiers ouvriers sans autre guide que le sentiment public, sans autre frein que leur conscience, sans autre ambition que le désir de satisfaire leur profond amour de l'humanité.

Il appartenait au descendant d'un des plus glorieux enfants de la Révolution, au petit-fils de Carnot, l'organisateur de la victoire, le vainqueur de Wattignies, de venir placer sur les murs du vieil hôtel l'inscription destinée à perpétuer le souvenir des grands travaux de nos illustres ancêtres.

Gardien vigilant de la Constitution et des lois, vous représentez, vous personnifiez la France.

Nous souhaitons que sous l'influence de votre caractère loyal et ferme, le gouvernement de la République affirme sa force et son énergique vitalité, qu'il sauvegarde l'indépendance de la Patrie et nous conserve la paix et la liberté.

Au moment où le Maire prononce ces mots : « *Il appartenait au petit-fils de Carnot de venir placer sur les murs du vieil hôtel....* », tous les yeux se portent vers la plaque de marbre placée sur la Tribune présidentielle et qui, débarrassée du voile dont elle est recouverte, reçoit ainsi la consécration officielle.

Cette plaque est apposée aujourd'hui au numéro 17 de la rue des Chantiers, endroit où se voit encore la petite porte par laquelle les députés du Tiers étaient appelés jadis à pénétrer dans la salle des États-Généraux. — Cette plaque mesure un mètre sur deux et est en marbre noir, elle porte cette simple inscription :

ICI, EN 1789,
L'ASSEMBLÉE NATIONALE CONSTITUANTE A TENU SES SÉANCES
DEPUIS LE 5 MAI JUSQU'AU 15 OCTOBRE.

LOI DU 17 AVRIL 1879.

« UN MONUMENT COMMÉMORATIF SERA ÉLEVÉ SUR L'EMPLACEMENT DE LA SALLE OU L'ASSEMBLÉE NATIONALE CONSTITUANTE A TENU SES SÉANCES A VERSAILLES DEPUIS LE 5 MAI JUSQU'AU 15 OCTOBRE 1789. »

5

M. Tirard, Président du Conseil des Ministres, se levant à son tour, prononce le discours qu'on trouvera en entier dans la partie documentaire.

Puis, sur un signe, les troupes massées avenue de Paris commencent le majestueux défilé qui va constituer la partie la plus brillante de la fête.

La foule qui, jusqu'ici, n'a assisté que passivement à la cérémonie, animée par le bruit des fanfares, ravie par le spectacle splendide déroulé sous ses yeux, manifeste, par des acclamations redoublées, son enthousiasme pour l'allure martiale de nos soldats. Et voilà, pour couronner le tout, une illumination subite! Le soleil qui s'est décidé depuis une demi-heure à assister à la fête, mais caché encore derrière les nuages, se met soudain à resplendir de

tout son éclat et fait resplendir avec lui le cuivre des casques, l'or des parements, l'acier des cuirasses. Entre temps, le canon tonne, les musiques militaires mêlent leurs accents à ceux des clairons et des trompettes, les officiers saluent de l'épée. C'est presque du délire quand, le dernier escadron passé, le Président de la République se lève et, s'avançant vers la foule, répond par de nombreux saluts aux ovations qui l'accueillent de toutes parts.

Il est quatre heures. On se rend au Château : le Président de la République et quelques rares privilégiés montent seuls en voiture. Le reste des invités à cartes blanches et parmi eux le Ministre de l'Agriculture, s'avancent pédestrement, dans un désordre pittoresque, s'égrenant en long ou en large comme ils veulent ou comme ils peuvent, se bousculant, se groupant sans souci de la hiérarchie, les uns plus agiles devançant les autres attardés sous le poids de l'âge. On voit, noyés dans le flot des habits noirs, les uniformes galonnés et chatoyants des généraux, des amiraux, des officiers supérieurs, les habits brodés des membres de l'Institut ou des fonctionnaires publics, les robes multicolores de la magistrature ou de l'Université. Voilà le mobile spectacle des fêtes publiques. Tout à l'heure, dans cette large avenue, le défilé si correct, si régulier de nos régiments; à présent, au milieu de la double haie formée par les troupes et que perce par endroits l'effort des curieux, une cohue d'illustrations de toutes sortes, un fouillis bigarré et charmant de formes et de couleurs.

Mais voici les grilles du Château qui s'entrouvrent : la cérémonie officielle va perdre un instant son caractère public. La France moderne, personnifiée par ses représentants les plus autorisés, et se sentant héritière légitime de toutes les gloires du passé, entre sans façon, comme on pénètre chez soi, dans le majestueux palais de Louis XIV.

La Galerie des Glaces, où le Roi-Soleil recevait jadis sa cour,

tenait ses appartements, avait été garnie de banquettes destinées à recevoir douze cents personnes. Ici nul désordre ; le service du Protocole, sous la direction de son chef, M. le comte d'Ormesson, Ministre plénipotentiaire, a marqué avec précision la place des divers corps officiels, des corporations [1]. A l'extrémité nord de la salle, une estrade a été construite. Le Président de la République, les Prési-

1. Voir aux pièces annexes la liste des hauts fonctionnaires et des corps constitués qui ont assisté à la double cérémonie du 5 mai.

DISCOURS PRESIDENTIEL
DANS LA
GALERIE DES GLACES

dents du Sénat et de la Chambre s'y installent pour prononcer ou entendre les discours et assister ensuite au concert qui leur sera donné par l'orchestre et les chœurs du Conservatoire. Les principaux fonctionnaires du Département et de la Ville : l'Évêque de

Versailles, le Préfet de Seine-et-Oise et le Maire avaient leur place préparée aux côtés du Chef de l'État.

Un lunch fut servi ensuite dans la Galerie des Batailles, transformée en un vaste buffet. De nouveau les invités y ont confondu leurs rangs, s'éparpillant ou se rassemblant au gré de l'amitié, du caprice, de l'appétit; l'immense salle, pleine de groupes allant et venant, causant, gesticulant, assiégeant les tranches de jambon ou les tasses de chocolat, faisant aux garçons de service des signes de détresse, offre l'aspect du plus étrange kaléidoscope.

Pendant ce temps, le concert[1] a continué et mêle la satisfaction des oreilles à la béatitude des estomacs.

A cinq heures et demie, nouveau changement à vue. Le Chef de l'État, qui a bien voulu se prêter à l'inauguration officielle du bassin de Neptune, quitte le palais par le salon Louis XIII, les parterres d'eau et l'allée des fontaines, au milieu d'une double haie de soldats. La foule de tantôt, qui n'a fait que croître et qui a dû se tasser dans un espace moins vaste, est si compacte qu'on a peine à s'y frayer passage. On dirait, à la lettre, un océan de têtes humaines, mal contenu dans les digues impuissantes du pourtour, et qui déborde dans les charmilles, qui moutonne jusque par dessus les branches d'arbre et les murs d'enceinte.

Une nouvelle à sensation, connue à deux heures dans les tribunes, s'est maintenant répandue partout : deux coups de revolver ont été tirés sur le Président de la République à sa sortie de l'Élysée. Le public, ignorant les détails de cette tentative et qui d'abord s'en est exagéré la portée, est heureux de témoigner sa sympathie au Chef de l'État par les plus vibrantes acclamations. Elles redoublent quand M. Carnot, pour remercier des sentiments qu'on lui exprime et dont il est si digne à tant de titres, serre affectueusement la main de M. Édouard Lefebvre, maire de Versailles.

L'inauguration du bassin de Neptune consistait dans le jeu des Grandes-Eaux, spectacle splendide dont nulle description ne saurait donner une idée, même amoindrie. Il faut avoir vu, dans ce milieu ravissant, la multitude des jets s'élancer de toutes parts, en colonnes, en cascades, s'élever vers le ciel, s'épandre à droite, à gauche en gracieuses paraboles, se croiser, s'entrelacer en tous sens, s'égrener

1. Voir le programme aux pièces annexes.

en perles, en poussières, se teindre au soleil de mille feux, former dans l'air une fine pluie d'arcs-en-ciel ou retomber avec bruit sur les groupes sculpturaux, s'échapper des vases et des vasques, puis

s'écouler dans le vaste bassin d'où semblent sortir, encore humides, les monstres marins qui accompagnent le dieu des eaux. Aussi, pendant les douze minutes données à cet éblouissement, que d'exclamations en toutes langues, que de *ah !* admiratifs, que de *hurrah !* ou de *hip ! hip !* Des étrangers placés près de nous déclarent à haute voix que le magique tableau qu'ils ont devant les yeux vaut à lui seul les frais de leur voyage.

La foule était tellement compacte en ce moment que, malgré la présence de la troupe, il était tout à fait impossible de circuler.

M. Carnot ne put lui-même quitter le Parc qu'avec le concours de quelques commissaires improvisés, parmi lesquels M. Demarine, propriétaire à Noisy-le-Roi.

Cependant, le Président de la République a rejoint sa calèche à la grille du Dragon, et s'éloigne par la rue de la Paroisse brillamment pavoisée. La musique municipale installée sur la place des Halles joue une dernière fois la *Marseillaise.* Tous les carrefours sont garnis de troupes à cheval qui rendent au Chef de l'Etat les honneurs dus à son rang.

Que va faire maintenant toute cette foule ? Les uns songent à rentrer à Paris : les gares sont de nouveau envahies, les tapissières se louent jusqu'à trois francs la place. Les autres en plus grand nombre attendent le feu d'artifice, qui promet d'être splendide, et qui tiendra toutes ses promesses. D'ici là, il faut vivre. Les restaurateurs sont pris d'assaut. Dans les allées du parc, sur

le talus des avenues, des groupes pittoresques mangent au nez du prochain le veau piqué ou le classique cervelas. Bientôt les vivres manquent partout, les boulangers sont sur les dents. De petits industriels, poussés par un génie bienfaisant, étaient venus de Paris, et avaient promené par les rues leurs voitures chargées de pain et de victuailles. Secours béni mais insuffisant. Vers sept heures on crie famine. Sur la foire, on dévalise les boutiques de pain d'épice pour se nourrir; ventre affamé n'a pas de préjugés. Ailleurs, avenue de Paris, près la rue des Chantiers, nous rencontrons une marchande de cidre qui a amené son tonneau sur une petite voiture et achève de débiter le jus de la pomme (ou des poires tapées) à une clientèle installée à la diable, le long d'une vieille table, sur des bancs d'une solidité douteuse. O lois mystérieuses de la gravitation! cette Hébé ambulante est de la Bretagne et, dans ce déluge d'hommes, il ne s'est groupé que des Bretons autour d'elle. On ne peut s'empêcher de sourire et de se demander si, comme l'aimant attire le fer, la Bretonne possède la propriété d'attirer les Bretons.

Et, à chaque pas, que d'autres détails piquants! que de tableaux de genre, de scènes de mœurs qui feraient le bonheur d'un Monnier ou d'un Gavarni! On arrive toujours, vaille que vaille, à conter les cérémonies officielles. Mais comment peindre cet aspect changeant des rues, cette animation des groupes, l'indescriptible spectacle qu'offrent les spectateurs? Quelle dignité à côté de quelle bonne humeur! quel calme à côté de quel enthousiasme! Tout ce que les historiens nous ont dit du 5 mai 1789 s'est retrouvé en un cadre plus riche dans cette magnifique journée, digne aussi de l'histoire, et qui laissera une impression inoubliable à tous ceux, habitants de Versailles ou hôtes de quelques heures, qui ont eu le bonheur de la vivre avec nous.

Afin qu'il n'y eût au tableau aucune ombre attristante, la part des pauvres avait été faite aussi par l'Administration municipale. Chaque indigent avait reçu, en plus du pain qu'assure le Bureau de bienfaisance, trois cents grammes de viande pour chacune des personnes composant sa famille. Le vœu du bon roi fut réalisé ce dimanche-là à Versailles, où tout le monde put mettre la poule au pot.

XVᴱ FÊTE FÉDÉRALE DE GYMNASTIQUE

EXCURSION DES SOCIÉTÉS A VERSAILLES

11 JUIN 1889

'UNION des Sociétés de gymnastique avait organisé à Vincennes, les 9 et 10 juin, à l'occasion de sa XVᵉ fête fédérale, un concours international auquel s'étaient rendues un grand nombre d'Associations étrangères et qui fut, on s'en souvient, une admirable manifestation pleine de consolations et d'espérances pour la patrie. Afin que ces journées eussent un lendemain, on songea à préparer une excursion aux environs de Paris : les moins fatigués de ces jeunes infatigables s'y dégourdiraient les jambes en admirant le paysage. Le but choisi était Versailles : on avait à descendre la Seine en bateau-mouche jusqu'au pont de Sèvres et, de là, à cheminer par le parc de Saint-Cloud et Ville-d'Avray. Les municipalités de Versailles et de Saint-Cloud, averties, demandèrent aussitôt à Paris et obtinrent le jeu des Grandes-Eaux pour donner un agrément de plus à cette charmante promenade.

Alléchés par tant de séductions, deux mille cinq cents gymnastes avaient annoncé leur venue. Mais l'homme propose et le temps dispose : il était tombé tant d'eau dans les journées du dimanche et du lundi que le plus grand nombre des inscrits pensa à d'autres distractions, et 622 seulement prirent part à l'excursion projetée.

A Saint-Cloud, qui fut la première étape, le Maire, M. Belmontet, d'accord avec M. Dubillon, vice-président de la Société de Gymnastique de Versailles, prit la direction des colonnes et les conduisit sur les ruines du Château. Là, s'adressant aux jeunes Français, il leur fit jurer, aux applaudissements de tous, de faire payer cher ces dévastations aux envahisseurs de 1870.

La Société de Gymnastique de Versailles et la fanfare du 20e bataillon de chasseurs à pied s'étaient rendues jusqu'à la butte de Picardie pour recevoir les voyageurs et les amener à l'Hôtel-de-Ville où la municipalité les attendait.

Dès leur arrivée, M. Lenoir, premier adjoint, délégué par le Maire, leur adresse d'une voix vibrante l'allocution que voici :

Messieurs,

Au nom de la municipalité de Versailles, au nom des représentants de la Ville, au nom de mes concitoyens versaillais, je vous souhaite la bienvenue.

Nous remercions M. Sansbœuf, le président acclamé de l'Union fédérale; nous remercions M. Henry, l'actif organisateur de la fête de Vincennes ; nous remercions M. Bicat, le dévoué président de l'Association de la Seine; nous vous remercions tous, Messieurs, d'avoir compris la Ville de Versailles dans le programme de vos excursions.

Il était bon, en effet, que les sociétés de toutes nationalités amies de la France, Danoises, Suédoises, Belges, Tchèques, Italiennes, Luxembourgeoises, Hollandaises, Suisses, qui sont accourues à la fête fédérale, vinssent aussi fortifier les sentiments de fraternité qui les animent au contact des lieux mêmes qui ont été le berceau non seulement des libertés françaises, mais des libertés de l'humanité toute entière.

Nous espérons, Messieurs, que vous garderez le souvenir de notre accueil sympathique, et que, le 4 août prochain, la plupart d'entre vous se rendront à notre invitation et viendront célébrer avec nous le centenaire du jour où nos illustres ancêtres de 1789 ont aboli les privilèges et les abus que des siècles d'ignorance et d'égoïsme avaient accumulés :

Aussi, nos jeunes amis, vous, l'espoir de l'avenir et les défenseurs futurs de la liberté, nous ne vous dirons pas adieu, mais au revoir et à bientôt.

Nos Sociétés françaises poussent plusieurs bans vigoureux, tandis que les Suisses, les Tchèques, les Néerlandais, etc., crient à pleins poumons : « Vive la France ! »

M. Sansbœuf, président de l'Union, remercie ensuite, au nom de tous, la municipalité de Versailles de son cordial accueil.

La cour et les abords de la Mairie étaient décorés de mâts portant des oriflammes et des trophées de drapeaux ; on avait placé aussi, aux fenêtres du premier étage, l'étendard de chacune des nations auxquelles appartenaient les jeunes gens. Les Danois constatèrent que c'était la première fois, depuis leur entrée en France, qu'ils revoyaient leurs couleurs et se déclarèrent vivement touchés de l'attention de la Ville de Versailles. Quant aux Hongrois, qui avaient conservé le pittoresque costume national, ils retrouvaient chez nous l'accueil qu'ils avaient eu la veille et l'avant-veille dans les rues de Paris, et furent l'objet des manifestations les plus enthousiastes. Aucun d'eux ne parlant français, ils témoignèrent de leur reconnaissance en proférant les hurrahs les plus énergiques.

Chaque Société, dirigée par les gymnastes de Versailles, se rendit ensuite chez le restaurateur chargé de lui assurer la subsistance et, de là, au Musée ou dans le Parc.

Pauvres restaurateurs ! Ne parlons pas d'eux sans nous associer à leur déconvenue. 2,500 rations de préparées, et seulement 622 bouches ! C'est alors qu'il y eut des pleurs et des grincements de dents. La Ville, comme le bon samaritain de l'Écriture, contribua à calmer ces douleurs en accordant quelques compensations aux plus éprouvés. Le spectacle des Grandes-Eaux ayant amené ce jour-là plus de douze mille visiteurs étrangers, il n'y eut pas encore là, d'ailleurs, une opération trop ruineuse.

A part cette contrariété, qu'il ne dépendait d'aucune autorité de prévenir, la journée fut aussi charmante pour nous que pour nos hôtes. A cinq heures et demie, tous se retrouvaient au bassin de Neptune, où s'étaient rendus également le secrétaire général de la Préfecture, M. Laurent, et M. Edouard Lefebvre, Maire de Versailles. Des hurrahs enthousiastes saluèrent à plusieurs reprises les Grandes-Eaux. Nos visiteurs partirent émerveillés, enchantés.

FÊTE DU 20 JUIN

SI la date de l'ouverture des États-Généraux est à jamais mémorable et devait être rappelée par des fêtes exceptionnelles, il ne convenait pas moins de célébrer avec une dignité joyeuse, avec une fière gratitude, le Centenaire du Serment du Jeu de Paume. Le 5 mai, on a entrevu, à travers l'arbitraire royal, les premières lueurs de la Liberté : c'est le 20 juin que la Liberté émerge ; les députés du Tiers proclament que, dorénavant, l'État c'est eux ; ils jurent d'affronter tous les périls pour ne laisser subsister en France qu'un seul pouvoir absolu : celui de la Loi.

Conformément aux décisions de la Commission d'organisation, la municipalité fit publier un programme comprenant à la fois des réjouissances pour le 20 juin et pour le 23, veille du jour anniversaire de la naissance du général Hoche[1]. La célébration de ce dernier anniversaire est entrée depuis vingt ans dans la vie versaillaise; il eût été difficile de ne pas confondre deux solennités qui se suivaient à si peu d'intervalle.

LA SOIRÉE DU 19

C'EST à un historien, et à un historien qui est aussi un puissant orateur, à M. Maze, que la conférence sur le 20 juin avait été demandée. Elle eut lieu le 19, au Grand-Théâtre. Jamais peut-être pareille affluence ne s'était vue. Dès huit heures moins le quart, toutes les places étaient déjà envahies. Plusieurs loges, où la Bibliothèque populaire aurait eu le désir de réserver des places aux auto-

1. Voir le programme aux pièces annexes.

rités, ont été forcées et transformées en étouffoirs. Quelques personnes sont restées dans les couloirs. D'autres, et parmi elles des dames, viennent se réfugier sur l'estrade où les chaises manquent bientôt aux spectateurs.

La décoration de la scène avait été faite avec beaucoup de goût. M. Gosselin, conservateur des Musées, avait mis gracieusement à la disposition des organisateurs la maquette (grandeur naturelle) de l'admirable statue de Bailly. Elle avait été placée au milieu d'un bouquet de plantes et d'arbustes, derrière lesquels disparaissait le piédestal et qui donnaient l'illusion d'un véritable jardin d'hiver.

Citer les notabilités présentes serait une tâche impossible. Notons seulement que le nouveau Préfet de Seine-et-Oise, M. Bargeton, installé à Versailles depuis peu de jours, était venu occuper sa loge.

La Société orphéonique, sous la direction de M. Paget, ouvre la séance en exécutant avec entrain, au milieu de bravos nourris, *Le Chant du Départ*.

M. le Maire de Versailles, qui préside, assisté de MM. Lenoir et Dr Védrine, présente le conférencier en ces termes, très vivement applaudis :

Mesdames, Messieurs,

Je n'ai pas à vous présenter M. Maze, vous le connaissez, nous le connaissons tous.

Nous savons qu'avec un dévouement absolu et une bonne grâce parfaite, il nous a, chaque fois que nous le lui avons demandé, donné l'appui de sa parole éloquente et sympathique.

L'historien de Hoche, de Kléber, de Marceau vient nous parler aujourd'hui de la grande journée du 20 juin 1789, du Serment du Jeu de Paume. Je suis sûr d'aller au devant de vos désirs en lui donnant immédiatement la parole.

M. Maze prend en effet la parole. Il rappelle les événements qui suivirent, du 6 mai au 17 juin, l'ouverture des États-Généraux, la longue série de chicanes et de puérilités soulevées par les ordres privilégiés et par la cour, la déclaration du Tiers se constituant en Assemblée nationale, la reine imaginant cette ruse naïve d'une séance royale, la salle des Menus-Plaisirs fermée aux députés et à leur président. Il raconte avec une émotion communicative cette scène si simple, mais d'une grandeur si cornélienne, de la salle du Jeu de Paume. Il rappelle les phases diverses par lesquelles a passé, à travers l'Empire, la Restauration, la deuxième République, le second Empire, cette masure, témoin de souvenirs si sacrés, jusqu'au jour où la troisième République, reprenant le vœu de la Convention, en a fait définitivement un monument historique et le plus auguste but de pèlerinage. « C'est ce pèlerinage, s'écrie-t-il en terminant, pèlerinage prédit et chanté en vers admirables par André Chénier, c'est ce pèlerinage que les représentants du gouvernement et de la nation feront demain.

» Chers concitoyens, allez aussi demain, tous ensemble, au Jeu de Paume; joignez-vous à cette patriotique manifestation, si heureusement organisée par votre municipalité républicaine: joignez-vous aux membres du gouvernement et du Parlement, aux Maires de tous nos chefs-lieux qu'elle a convoqués pour cette solennelle circonstance; menez-y vos femmes et vos enfants pour leur apprendre à vénérer avec vous de grands ancêtres, parce que dans nos œuvres républicaines et démocratiques il nous faut la famille toute entière. Allez, allez tous et toutes demain au Jeu de Paume. L'âme pleine des nobles souvenirs qu'évoquera ce pèlerinage, les yeux fixés sur la noble image de Bailly, jurez, jurez à votre tour d'être à jamais, contre tous les despotismes et contre toutes les réactions, les serviteurs, les défenseurs des libertés publiques, du droit et de la loi ! »

Le concert annexé à cette conférence produisit aussi le plus grand effet. L'introduction et l'ouverture de la *Muette*, exécutée par la Société philharmonique ; le duo du deuxième acte : *Amour sacré de la Patrie, Rends-nous l'audace et la fierté*, chanté par MM. Lepage et Séguy ; l'hymne funèbre de Cherubini sur la mort de Hoche, magistralement enlevé par la Société philharmonique et la Société orphéonique, chanté avec émotion par M. Lepage et les chœurs de cette dernière Société, passionnent et transportent tour à tour le public. M. Cousin avait très habilement rattaché les dernières notes de la cantate à la Marseillaise officielle de Léo Delibes qui, habilement exécutée, porte l'enthousiasme à son comble. Nous voyons encore la foule des assistants, électrisée, délirante, se levant d'un mouvement unanime aux premières notes du couplet final, animée d'une même fièvre, reprenant d'une seule voix, d'un seul cœur, l'irrésistible refrain : *Aux armes, citoyens!* Scène émouvante, réconfortante! scène que n'oubliera aucun patriote, et qui était pour la fête du lendemain le plus décisif prologue !

LA FÊTE DU 20

Comme on vient de le voir, la cérémonie officielle comprenait une sorte de pèlerinage à la salle du Jeu de Paume.

Trois ministres, MM. Thévenet, Spuller et Faye, avaient été désignés pour représenter le Gouvernement.

Avaient répondu en outre, à l'appel de la municipalité :

Un grand nombre de Sénateurs et de Députés ;

Des conseillers généraux et d'arrondissement ;

Les maires et les conseillers municipaux de la plupart des communes du département ;

Quantité de fonctionnaires publics : en tête, M. Bargeton, préfet de Seine-et-Oise, et M. Laurent, secrétaire général de la préfecture ; M. Edouard Lefebvre, maire de Versailles ; MM. Lenoir, docteur Védrine, Guétonny, adjoints, et presque tous les membres du Conseil municipal ;

Les chefs des grandes administrations ;

MM. les généraux Macé et Pagès, et de nombreux officiers de tous grades.

Enfin, la ville de Versailles, tenant à cœur d'associer le pays entier à la manifestation de reconnaissance qu'elle préparait en

LE JEU DE PAUME.

mémoire de nos grands aïeux, avait adressé une invitation aux municipalités de tous les chefs-lieux de département.

Les villes suivantes s'étaient hâtées d'annoncer leur acceptation :

Agen,	Châteauroux,	Nancy;
Alençon,	Chaumont,	Nevers,
Amiens,	Dijon,	Niort,
Angers,	Évreux,	Orléans,
Auch,	Laval,	Paris,
Aurillac,	Lyon,	La Rochelle,
Avignon,	Le Mans,	Rouen,
Bar-le-Duc,	Melun,	Saint-Étienne,
Beauvais,	Mézières,	Toulouse,
Blois,	Montauban,	Tours,
Bourg,	Moulins,	Troyes.
Châlons-sur-Marne,		

Un grand nombre d'autres maires, empêchés de se rendre parmi nous, avaient déclaré s'associer de cœur à cette manifestation nationale et, dans les termes les plus aimables, félicitaient Versailles de son initiative.

Les Ministres, partis de Paris par le train de trois heures cinq, descendaient à la gare Rive Gauche vers trois heures quarante. Des voitures les attendaient dans la cour du départ. Le Préfet de Seine-et-Oise et le Maire de Versailles étaient allés à leur rencontre.

La fanfare des cuirassiers, placée dans la cour de la Mairie, salua de la *Marseillaise* l'entrée de nos hôtes. Les sapeurs-pompiers étaient rangés de chaque côté du péristyle.

Tous les invités s'étaient rendus d'avance dans les salons de la Mairie; les Ministres, à leur arrivée, y reçoivent les présentations officielles et les compliments d'usage.

Après quoi, le cortège se forme et, quittant l'Hôtel-de-Ville, se rend lentement à la salle du Jeu de Paume par l'avenue de Paris, l'avenue Thiers, l'avenue de Sceaux et la rue de Gravelle. Des Versaillais tout à fait *orthodoxes* ont critiqué cet itinéraire et eussent préféré qu'on suivît exactement celui de 1789 : c'est-à-dire par l'avenue de Paris et la place d'Armes. Mais l'avenue Thiers a été percée depuis et, que voulez-vous ? l'esprit du siècle est d'abréger les distances !

A noter ici, en passant, le gracieux lâcher de pigeons effectué au départ du cortège par la Société colombophile.

Sur tout le parcours, des mâts garnis de drapeaux et d'oriflammes ; une double haie de troupes contient les curieux.

La cérémonie qui s'accomplit en ce moment, bien simple en soi-même, emprunte de la grandeur et de la majesté aux sentiments qu'elle évoque. On ne peut voir sans émotion cette foule d'hommes placés à tous les degrés de la hiérarchie civile et militaire ; venus de tous les points du département et de la France ; salués par l'hymne national et les salves d'artillerie ; escortés par l'armée qui leur prête le prestige de la puissance souveraine, cheminant ainsi vers le réduit qui servit de refuge aux représentants du peuple, refaisant dans la joie du triomphe la même procession qui s'était faite dans l'angoisse, portant aux héros du devoir, aux fondateurs de la liberté, l'hommage de la conscience publique, la reconnaissance de la France libre.

Trop longtemps délaissée, la salle du Jeu de Paume a été restaurée en 1884 avec un goût parfait. On lui a conservé son caractère primitif, et si les murs du pourtour ne sont plus nus comme il y a un siècle, tout ce qui s'y voit rappelle, en le glorifiant, l'événement inoubliable auquel cette masure auguste a dû son illustration.

En entrant, MM. Spuller, Thévenet et Faye se placent au pied de la statue de Bailly. Presque aussitôt un grand silence se fait. M. de Lafayette, qui porte si dignement un nom si éclatant et qui dut ressentir en pareil lieu une émotion toute particulière, est chargé de souhaiter la bienvenue aux Ministres. Son discours et celui de M. Thévenet, garde des sceaux, sont écoutés dans le plus religieux recueillement [1].

1. Voir ces discours à la partie documentaire.

BANQUET DU 20 JUIN 1889 AU PETIT THÉÂTRE

Cependant nombre d'invités avaient dû rester dehors. Ils attendent, pour pénétrer peu à peu à l'intérieur, que des vides se produisent dans les rangs des premiers arrivés; ceux-ci, les discours entendus, sortent lentement pour monter à la salle des Variétés où va avoir lieu le banquet.

Ici, un incident.

En attendant l'heure du festin, les Ministres, accompagnés du Maire de Versailles et de quelques autres personnes, s'étaient rendus tout à côté, dans les salons de l'hôtel de la Chasse, pour goûter un repos relatif : le repos complet n'existe pas pour des Ministres en voyage.

C'est à ce moment, en présence d'un cercle d'amis, que la croix de chevalier de la Légion d'Honneur fut remise à M. Lenoir, premier adjoint au maire. Ses titres ont été portés depuis au *Journal officiel;* ils étaient dans la pensée de tous.

Profitons de cette sorte d'entr'acte pour examiner le théâtre des Variétés si ingénieusement métamorphosé. Un plancher a été établi de façon à ce que la salle et la scène soient de plain-pied jusqu'au dessous des premières galeries. La table d'honneur, légèrement recourbée, est placée en travers de la scène, à la hauteur du rideau; un velum soutenu par des lances dorées l'abrite et produit un heureux effet. C'est là que prendront place tout à l'heure : le Maire de Versailles, les Ministres, les Membres du Parlement, le général Pagès, M. Bargeton, préfet de Seine-et-Oise, M. Laurent, secrétaire général de la Préfecture, etc...

Toutes les autres tables, destinées à recevoir 350 convives, sont placées perpendiculairement à la table d'honneur, visible ainsi de toute la salle.

Des trophées de drapeaux, des oriflammes, des plantes de serre parfaitement disposées complètent la décoration générale du théâtre qui, nouvellement restauré, permet à la Ville d'offrir à ses visiteurs une hospitalité digne d'elle et digne d'eux.

Afin de donner asile à la fanfare du 20e bataillon de chasseurs à pied qui doit se faire entendre sous la direction de M. Porot, son chef, un treillage doré garni de plantes grimpantes coupe la scène en deux : il masque, sans les cacher, nos populaires troupiers.

Ce n'est pas chose facile pour un banquet de 350 couverts que le placement des convives et l'organisation d'un service qui permette à chacun de trouver rapidement sa place. On a beau se pénétrer des règles de la préséance, connaître à fond son décret de messidor an XII, il est à peu près impossible de donner satisfaction à tous les droits et surtout à toutes les prétentions. Disons pourtant que le placement des invités souleva peu de réclamations ; quant au service d'ordre, il fut admirablement agencé par M. Quéro, membre de la Commission des fêtes du centenaire. M. Quéro eut pour collaborateurs dans cette tâche délicate MM. Charles Terrade, Albert Terrade, Gatin et les membres de la Société des fêtes.

Dîner et concert furent exquis :

MENU :

Potage national
Truite saumonée, sauce vénitienne
Filet de bœuf portugaise
Chauds-froids de mauviettes en bellevue
Timbale milanaise
Chapons du Mans à la gelée
Salade russe
Parfait vanille framboise
Dessert
Vins : Beaujolais — Madère — Saint-Émilion
Champagne
Café — liqueurs.

L'heure des toasts arrivée, M. Édouard Lefebvre prononce l'allocution suivante, interrompue maintes fois par de vifs applaudissements :

Messieurs,

Au nom de la ville de Versailles, je vous souhaite la bienvenue.

Je vous remercie d'avoir répondu à notre appel, de fêter avec nous le 121e anniversaire de Hoche et le Centenaire de la mémorable journée du

20 juin 1789, du serment du Jeu-de-Paume, de cette journée où, comme l'a dit le grand historien Henri Martin, tous marchèrent la main dans la main, enlevés par cet unanime élan qui se retrouva deux fois encore dans la nuit du 4 août et le jour de la Fédération.

Je remercie les Membres du Gouvernement, les Sénateurs, les Députés, les Conseillers généraux, d'arrondissement et municipaux, les représentants de la Magistrature civile et consulaire, de l'Armée, de la Presse et de l'Administration supérieure, qui sont venus rehausser par leur présence l'éclat de cette fête patriotique.

Je remercie mes collègues, les Maires des chefs-lieux des départements accourus en si grand nombre affirmer l'indestructible union de toutes les parties de la France et, selon l'expression de nos pères, la République une et indivisible.

Je remercie également ceux de nos collègues qui, retenus dans leurs départements, sont avec nous de cœur, et nous ont témoigné leurs regrets de ne pouvoir se joindre à nous.

Messieurs, des voix éloquentes et autorisées vous ont parlé et vont vous parler encore de la grande date que nous célébrons ; il en est une autre qui est entrée dans l'histoire de la France et de Versailles, c'est celle du 4 décembre 1887. C'est ce jour-là, dans cette salle même, que les représentants de la nation préparèrent le grand acte qu'ils accomplirent à quelques pas d'ici, acte qui investit M. Carnot de la magistrature suprême, et mit sous la sauvegarde de son patriotisme et de son honneur le titre de Président de la République française.

Il appartient au Maire de Versailles de le rappeler ici en levant son verre, en vous invitant à boire avec lui, à M. Carnot, Président de la République.

M. Spuller répond au nom du Gouvernement[1]. Mais quoi ! voici tout à coup au beau milieu du discours que se fait entendre, avec sa plus grosse voix et ses airs les plus bourrus, la mauvaise fée qui n'était pas invitée : la foudre. C'est un fait bien connu qu'il plut à verse le 20 juin 1789. Le ciel, artiste à ses heures, a-t-il voulu donner à ce Centenaire un surcroît de fidélité historique ? veut-il prouver à grand bruit qu'il ne fait pas de distinction entre la Monarchie et la République ? on ne sait. Le certain, c'est que toutes les cataractes de là-haut sont ouvertes. On se regarde avec stupeur. La

1. Voir aux pièces annexées.

Municipalité avait préparé pour tout à l'heure une grande soirée à l'Hôtel-de-Ville, et y a invité libéralement tous les habitants. Cette dernière partie de la fête, non la moins populaire, est-elle décidément compromise ? C'est à craindre.

Un instant en effet il fallut se calfeutrer à l'intérieur. Mais bientôt les nuages se dissipent, l'atmosphère redevient souriante : on se répand avec bonheur dans les jardins, illuminés en entier pour la première fois. Autre enchantement : l'excellente musique du 1er régiment du génie, dirigée par M. Meister, joue par intervalle avec le brio et la suavité qu'on lui connaît les morceaux dont voici le programme :

Manon Lescaut (ouverture).	AUBER.
Si j'étais roi (fantaisie).	ADAM.
Lucrèce Borgia (fantaisie pour clarinette) .	DONIZETTI.
Valérie (introduction et mazurka).	MEISTER.
Ballet de Sylvia (cortège de Bacchus). . .	LÉO DELIBES.
Mireille (fantaisie).	GOUNOD.
Galoubet (pour flûtes et pistons)	LAGARDE.

Mais tout prend fin, hélas ! Vers onze heures, les Ministres se disposent au départ, les autres invités suivent peu à peu leur exemple : à minuit tout est disparu ; il ne reste plus dans les charmilles que quelques lampions qui achèvent de s'éteindre et dans les esprits un souvenir qui ne passera pas.

LA VISITE DES SOURDS-MUETS

15 JUILLET 1889

ARMI les innombrables Congrès internationaux organisés à Paris à propos de l'Exposition universelle, se trouvait celui des Sourds-Muets.

La plupart de ceux qui y avaient pris part, de France ou de l'étranger, pensèrent ne pouvoir se séparer sans être venus à Versailles rendre à la mémoire de leur bienfaiteur un témoignage solennel de reconnaissance. C'était presque un centenaire de plus : l'an 1789, qui a vu s'accomplir dans notre ville de si grands événements, est aussi celui où mourut l'abbé de l'Épée.

L'Association amicale des Sourds-Muets avait adressé à tous les membres du Congrès, le 12 juillet, la circulaire suivante :

Paris, le 12 juillet 1889.

M

Nous avons l'honneur de vous faire connaître les dispositions suivantes au sujet de notre excursion à Versailles :

1° Le lundi 15 juillet, M. le Maire de la ville recevra MM. les membres du Congrès à l'Hôtel-de-Ville, à dix heures du matin, et leur fera visiter les salons où se trouvent des portraits historiques, notamment celui de l'abbé de l'Epée ;

2° Une inscription sur une plaque de marbre, hommage du Congrès international, sera inaugurée, sous la présidence de M. le Maire, à l'endroit où s'élevait la maison paternelle de l'abbé de l'Épée;

3° Après cette cérémonie, une couronne sera déposée au pied de la statue de l'abbé de l'Épée;

4° Déjeuner à midi. Prix : 3 francs environ par personne;

5° A une heure et demie, visite de la salle historique du Jeu de Paume;

6° A deux heures, visite au Musée historique, palais du roi Louis XIV;

7° A cinq heures, retour à Paris.

L'un des Vice-Présidents du Congrès, délégué,
Gustave HENNEQUIN.

Cet appel fut entendu : et voilà comment, le lundi 15 juillet, vers onze heures du matin, circulait en ville, sous la conduite de M. le Dr Védrine, adjoint au maire, et de M. Gatin, secrétaire général de la Mairie, un nombreux cortège ne proférant aucune parole, mais jetant force gestes de tous côtés.

Ce cortège fit sa première station rue Richaud afin d'inaugurer une plaque commémorative que les sourds-muets avaient fait placer sur le mur mitoyen qui se trouve entre le lycée et l'hôpital-hospice.

M. Védrine leur rappela en quelques mots que, d'après les recherches les plus minutieuses, c'est à cette même place que dut se trouver le berceau de leur bienfaiteur, et les félicita de la pensée qui les avait conduits à Versailles. Ses paroles étaient traduites, au fur et à mesure, en langage mimé par *un entendant-parlant*, M. Hennequin, fils du Vice-Président de l'Association, et qui, avec une bonne grâce parfaite, se livra ensuite à l'opération inverse pour rendre sensible à nos oreilles la réponse du Président.

Place Saint-Louis, au pied de la modeste statue, les pèlerins manifestent leur gratitude avec plus de vivacité encore. On sent dans leur âme une joie indicible, quasi enfantine, à contempler ainsi face à face celui qui a abaissé la barrière élevée entre eux et le reste de l'humanité, qui les a restitués à la vie intellectuelle et à la société de leurs semblables. C'est avec une émotion profonde et mal contenue qu'ils placent sur le piédestal du monument des couronnes venues de Belgique, de Suède, de tous les points de l'Europe, et même des fleurs naturelles apportées avec sollicitude du Nouveau-Continent.

Chez les spectateurs de cette scène touchante l'attendrissement se mêle d'une autre pensée : on ne voit pas sans surprise des gens venus de toutes les nations se comprendre aussi aisément et sans mot dire. Quoi ! ce secret d'une langue universelle, cherché depuis si longtemps et si persévéramment, serait-ce donc aux sourds-muets qu'il faut le demander ? Oui, les moyens de se faire entendre partout et de tous existent : il n'y manque que l'écriture, — et aussi, hélas ! le son de la voix humaine.

FÊTE DU 4 AOUT

LA CONFÉRENCE DU 3

C'EST dans la salle des Variétés que nous nous retrouvons, le samedi 3, à huit heures du soir, pour écouter la conférence qui servira de prologue à la fête du lendemain. Elle a attiré un public non moins considérable que les deux précédentes.

La séance est ouverte par la Société orphéonique, qui exécute avec brio le chœur de la *Muette*. M. le Maire de Versailles donne ensuite la parole à M. Journault, sénateur, dans les termes suivants :

MESDAMES, MESSIEURS,

La Commission des fêtes du Centenaire de 1789 avait décidé de célébrer à Versailles, où se sont accomplis les événements qu'elles rappellent, trois dates de la Révolution, le 5 mai, le 20 juin et le 4 août.

Elle avait décidé aussi, d'accord avec le Conseil d'administration de notre Bibliothèque populaire, de faire précéder chacune de ces fêtes d'une conférence au cours de laquelle l'historique des événements qui se sont passés ces jours-là serait fait.

La plus grande partie de ce programme est exécutée. Les fêtes du 5 mai et du 20 juin ont été célébrées avec éclat et succès, les deux conférences qui les ont précédées, grâce à la sympathie dont jouissent à Versailles les deux conférenciers, MM. Ledru et Maze, grâce surtout à leur talent, ont pleinement réussi et atteint le but proposé.

Ce soir, notre ami, M. Journault, sénateur, vient compléter l'œuvre si brillamment commencée et poursuivie.

Pas plus que je ne l'ai fait pour M. Maze, je ne vous présenterai M. Journault. Depuis vingt-cinq ans, il est au milieu de nous, simple citoyen, maire, député, sénateur, il est de ceux autour desquels se sont toujours groupés en Seine-et-Oise, les patriotes, les fermes républicains. Personne mieux que lui et avec plus d'autorité, justement acquise, ne peut évoquer les grands souvenirs de l'année 1789.

Je le prie de prendre la parole.

Dans une belle leçon historique, pleine de faits et de documents, M. Journault expose les abus de l'ancien Régime, l'état d'humiliation où croupissait la majorité des citoyens, les servitudes dérisoires ou odieuses qui formaient l'apanage des classes privilégiées. Il raconte, avec l'ardeur d'une âme éprise de justice, comment la grande nuit du 4 août mit un terme à ces iniquités séculaires : la honte soudaine des représentants de la noblesse et du clergé devant les scandales dont ils vivaient; la fureur de générosité qui s'empare de tous et les pousse, dans une contagion bienfaisante et irrésistible, à porter à la tribune, comme sur l'autel de la Patrie, le sacrifice de leurs droits et de leurs privilèges; l'étonnement, l'enthousiasme qui accueillirent partout, en France et en Europe, cette brusque victoire du bon sens et de la philosophie, cette immense Révolution pacifique. Sans doute, beaucoup de privilégiés regrettèrent le lendemain ce qu'ils avaient fait la veille; sans doute ils engagèrent de longues luttes pour le défaire : cet abandon spontané, cette surenchère de désintéressement n'en reste pas moins un des plus sublimes instants de notre histoire; il n'y en a pas de semblable dans celle d'aucun peuple.

La conférence terminée, au milieu d'applaudissements unanimes, la Société philharmonique se fait entendre dans l'*Ouverture de la Muette* (Auber) et *Schiller-March* (Meyerbeer). Cette excellente Société retrouve son succès du 19 juin : ce n'est pas peu dire.

Enfin, Mme Second-Weber, la gracieuse artiste de l'Odéon, dit avec un art charmant deux chansons de Béranger, *Jacques* et *Prédictions de Nostradamus*. Elle déclame ensuite, avec une virilité entraînante, *la Marseillaise*, pendant que la Société philharmonique exécute comme accompagnement une mélopée de M. Cousin, dont le refrain « Aux armes, citoyens ! » est chanté par la Société orphéonique. De nouveau l'enthousiasme est à son comble ; quand tout est fini, les spectateurs réclament avec frénésie la reprise de la dernière strophe : *Amour sacré de la Patrie ;* tous l'entonnent à pleins poumons dans un élan indescriptible.

LA JOURNÉE DU 4

Amour sacré de la patrie ! c'est aussi ce que répètent, le 4 au matin, avec leurs notes claires et joyeuses, avec leurs sons graves et prolongés, les tambours et les clairons des Sociétés de gymnastique, de tir, d'instruction militaire, qui arrivent de tous côtés.

On sait en effet que le programme arrêté par la Commission d'organisation des fêtes comprend un concours national et régional de gymnastique, d'exercices militaires et de tir et une fête de gymnastique.

Cent Sociétés environ s'étaient fait inscrire pour prendre part à ce concours, qui eut lieu au Parc, entre le Char embourbé et le Canal. Bien qu'il ait été fort remarqué, nous ne croyons pas devoir le décrire : il y faudrait des détails trop spéciaux et, par conséquent, sans intérêt pour le plus grand nombre des lecteurs.

Disons seulement que le jury avait été composé de soixante professeurs de gymnastique ou directeurs de sociétés, de vingt officiers et sous-officiers de la garnison et de vingt sous-officiers de l'École de gymnastique militaire de Joinville-le-Pont : les prix distribués étaient offerts, ou par la Ville, ou par de nombreux donateurs dont la liste se trouve parmi les documents annexés.

On y trouvera également les noms des principaux organisateurs du concours.

A midi, tous les exercices sont terminés ; tandis que les membres du jury relèvent leurs pointages et fournissent les éléments qui vont permettre de dresser la liste des récompenses, les Sociétés rentrent en ville pour réparer leurs forces.

On s'est demandé si la foule n'était pas plus considérable encore ce jour-là qu'au 5 mai. Tous les marchands de vins, tous les cafés, tous les restaurateurs regorgeaient de clients, les pelouses du Parc étaient inondées, dans tous les coins et recoins, de groupes pittoresques prenant en plein air leurs repas et leurs ébats.

Vers deux heures de l'après-midi, les Sociétés commencent à arriver boulevard de la Reine, où des poteaux indicateurs marquent la place de chacune, et où l'on doit se former en colonne pour parcourir la ville dans l'ordre suivant :

Rue de la Paroisse,
Rue Hoche,
Rue de la Pompe,
Avenue de Saint-Cloud,
Rue Saint-Pierre,
Hôtel-de-Ville,
Avenue Thiers,
Rue Royale,
Rue de l'Orangerie,
Parc de Versailles,
Terrain de la fête.

En avant, la fanfare du 20e bataillon de chasseurs à pied précède les Sociétés d'instruction militaire, armées et équipées comme des troupes en campagne ; vient ensuite la musique Fleury conduisant les Sociétés non associées ; enfin, la musique municipale, en tête des Sociétés de l'Association régionale et des Pupilles.

Le ciel est clair, la chaleur tempérée par une légère brise. Les drapeaux des fenêtres et ceux des Sociétés, les oriflammes, les guidons, les uniformes aux couleurs vives et variées, tout cela forme un fond chaud et animé, superbe à contempler. L'aspect de ces jeunes gens vigoureux, leur marche cadencée et régulière, leur allure martiale ne font pas moins plaisir; les femmes battent des mains, et plus d'une moustache grise se murmure tout bas :

Bravo !... çà ira !

En passant, le défilé fait une station à la Mairie où doit avoir lieu une cérémonie intéressante : la remise du drapeau de l'Association régionale à la Société de Versailles par la Société de Méru. Sur le perron se tient M. Lenoir, premier adjoint, remplaçant le Maire qui fait au Shah de Perse les honneurs de la ville; près de lui, M. le docteur Védrine, deuxième adjoint, président de la Société de gymnastique de Versailles, président du Comité d'organisation du concours et de la fête, M. Sehé, président de l'Association régionale, le président de la Méruvienne et plusieurs conseillers municipaux.

La colonne des gymnastes s'est massée dans la grande cour de la Mairie, les clairons sonnent au drapeau ; des mains de M. le président de la Méruvienne, le drapeau de l'Association passe dans celles de M. Dubillon, vice-président actif de la Société de Versailles, qui remercie en quelques mots. M. Lenoir prononce ensuite une allocution chaleureuse, félicitant nos jeunes camarades de leur patriotisme ; ses paroles sont très vivement applaudies par les assistants.

Puis les Sociétés se remettent en marche pour se rendre au Parc, où les attendent les nombreux invités de la municipalité.

On avait obtenu pour cette fête l'espace compris entre le bassin d'Apollon et l'origine du grand canal, au centre même de l'admirable point de vue qui s'étend du château jusqu'à la plaine de Saint-Cyr. Nul décor plus pittoresque pour un spectacle plus austère : les tribunes officielles, avec leurs trophées de drapeaux, leurs écussons et leurs tentures se dessinent de chaque côté sur un fond de verdure, qui produit le plus heureux contraste et le plus charmant effet.

MM. Rogues, Rigollet et Vacher, conseillers municipaux, font les honneurs de la tribune centrale et, tout en réservant les places destinées aux autorités, donnent avec une bonne grâce parfaite le bras aux dames pour les conduire aux meilleures places encore disponibles.

L'utile a été joint à l'agréable : près des tentes se dressent deux cantines, des abris destinés à servir de vestiaire aux membres des Sociétés, et une ambulance organisée par les soins de l'Union des Femmes de France.

Les mesures d'ordre avaient été admirablement combinées par MM. Védrine, président du Comité d'organisation, Baudat, commissaire central, Gatin, secrétaire général de la Mairie, et Imbault, ingénieur de la Ville. Elles furent scrupuleusement respectées par les milliers et les milliers de curieux qui se pressaient dans les tribunes ou au pourtour de l'enceinte. Il est vrai que cette fois l'unité de direction existait : aucun brusque contre-ordre ne pouvait venir jeter le trouble dans l'esprit des agents chargés de l'exécution.

Au moment où les Sociétés s'engagent dans le Parc pour gagner le terrain de la fête, le Tapis-Vert et les escaliers de la Terrasse disparaissent sous une véritable fourmilière humaine. Ce n'est que pied à pied et avec des précautions extrêmes que la tête des colonnes parvient à percer la foule. Mais quoi donc ? voici tout à coup un

autre obstacle à travers leur marche. Le Shah de Perse, on l'a vu plus haut, a eu la fantaisie de venir à Versailles ce jour-là et les eaux jouent spécialement pour lui ; il est conduit en landau d'enceinte en enceinte par M. le Préfet et par M. le Maire. Si l'Altesse orientale aime à attirer l'attention des masses, elle doit être satisfaite. Pendant quelques minutes, il n'y a d'yeux que pour elle : si on s'agite dans les tribunes, c'est uniquement pour tâcher d'entrevoir au loin les bonnets d'astrakan du Roi et de ses officiers. Un instant même le général Pagès, qui devait présider la fête de gymnastique comme représentant du Ministre de la Guerre, et les personnes de sa suite croyant que le Shah avait l'intention de s'arrêter, s'étaient mis en mouvement pour le recevoir. Ce fut une

fausse alerte : le monarque asiatique disparut bientôt ; et, tout redevenu calme, les Sociétés de Gymnastique purent pénétrer enfin sur la piste qui leur était réservée.

Chacune d'elles défile devant le général Pagès debout et saluant les drapeaux qui s'inclinent. On assiste ensuite à la marche des drapeaux : tous ceux qui les portent, rangés sur une même ligne, s'avancent vers la tribune, tandis que sonnent les clairons et que les spectateurs battent des mains. Les mouvements d'ensemble,

FÊTE DE GYMNASTIQUE.

rhythmés par la fanfare des chasseurs et accomplis avec une régularité vraiment étonnante, ont arraché de toutes parts des cris d'admiration.

Du Tapis-Vert comme des tribunes, le spectacle est magnifique. Les uniformes aux couleurs éclatantes semblent émailler la pelouse de fleurs multicolores et aux formes sans cesse changeantes : tantôt se couchant sur le sol, tantôt se relevant avec vivacité, se recourbant sur elles-mêmes, évoluant en tous sens, parfois mélangées et en désordre, ou alignées comme aux sillons d'une pépinière.

L'heure venue de la proclamation des récompenses, M. le docteur Védrine prononce l'allocution suivante :

Mes chers camarades,

Au nom des habitants de Versailles, au nom de la municipalité, je viens vous remercier d'être venus en aussi grand nombre assister à cette fête patriotique. Nous voulions donner à nos concitoyens le spectacle, toujours si beau, de la jeunesse française travaillant aux exercices du corps, à l'étude des armes.

Grâce à votre habileté, à votre empressement et à votre discipline, nous aurons pleinement réussi.

Nous voulions aussi vous voir tous réunis dans ce cadre splendide, au milieu des souvenirs dont notre ville fourmille :

Près de ce château, dans ce parc, œuvre d'un des plus grands monarques qui aient gouverné la France ;

A côté de l'ancienne Assemblée nationale d'où sortirent les grandes résolutions, préludes de nos libertés ;

De la salle du Jeu de Paume où les représentants de la nation jurèrent de ne pas se séparer avant d'avoir accompli leur mission.

Nous voulions vous réunir à une de ces dates qui comptent dans l'histoire de notre pays ; et nous avons choisi le 4 août, parce qu'en ce jour, tous les Français, sans distinction de castes, se trouvèrent unis dans un même sentiment de concorde, de désintéressement et de patriotisme.

Désintéressement et patriotisme, je ne retiens que ces deux mots parce qu'ils doivent être la devise de nos Sociétés comme ils sont la devise de notre belle armée.

Tous, ici, vous vous préparez pour le régiment.

Vous voulez être instruits et prêts lorsque le drapeau vous appellera, lorsque vous viendrez, non pas payer l'impôt du sang, comme on disait autrefois, mais remplir votre devoir de citoyen français, attendant l'arme au pied que vos chefs vous disent......

Voici l'ennemi, en avant, pour la patrie!

Eh bien! mes Camarades, je vous parlais de souvenirs glorieux, mais il faut que vous le sachiez, il en est de douloureux et de pénibles.

Cette grande et belle ville a subi trois invasions depuis un siècle.

Il y a moins de vingt ans, le gazon de cette pelouse était foulé, sali, souillé, par les chevaux de l'ennemi, de l'ennemi sans pitié.

Dans ce château, cet ennemi donnait des fêtes alors que nos soldats combattaient et mouraient.

Dans ces galeries, retentissaient les orchestres du vainqueur alors que le sang français rougissait la neige.

Il faut que vous le sachiez; et si je dis cela, ce n'est pas pour éveiller la haine dans vos cœurs, c'est pour que vous vous souveniez à jamais de ces terribles événements, pour qu'au sortir d'ici vous vous disiez: « Cela n'arrivera plus; jamais pareille souillure ne se renouvellera. Notre jeune armée est là; nous en serons. »

Mon général, ils en seront, et c'est en leur nom à tous que je vous remercie d'avoir accepté la présidence de cette cérémonie; que je remercie M. le Ministre de la guerre qui vous a délégué, marquant ainsi tout l'intérêt qu'il porte à nos associations. Croyez-le bien, cette marque d'intérêt, venant de si haut, ne peut que porter d'excellents fruits et aider au développement continu de nos institutions patriotiques.

Vous connaissez notre but.

Nous voulons faire des forts, des vaillants et des disciplinés.

Des forts, que les fatigues corporelles n'arrêteront pas.

Des vaillants, pénétrés de l'amour du pays, à qui nous racontons l'histoire, montrant toujours nos frontières et rappelant nos désespoirs et nos espérances.

Des disciplinés! parce que nous leur apprenons le respect des chefs et l'amour du drapeau.

Nous leur disons, en leur montrant le drapeau de leur Société:

Celui-ci est l'image du drapeau de l'armée, aimez-le, saluez-le, honorez-le, comme vous honoreriez et salueriez le drapeau du régiment.

Un jour viendra, il est proche peut-être, où le fusil en main vous devrez le défendre.

Eh bien! ce jour-là vous irez tous de l'avant, poussant le cri de ralliement, le seul qui convienne à nos Sociétés.

Cri que je vous engage à répéter aujourd'hui:

Vive la Patrie! Vive la France!

M. le général Pagès répond en affirmant l'intérêt porté par le Ministre de la Guerre aux institutions patriotiques et aux sociétés de gymnastique. Il félicite les sociétés présentes de leur bonne tenue, de leur habileté, de leur excellent esprit, et montre les jeunes soldats sortant déjà formés de leurs rangs, tout prêts pour les travaux, les fatigues, la discipline de l'armée et les glorieux devoirs qui lui incombent.

Ce discours, comme celui de M. Védrine, est à maintes reprises couvert d'applaudissements.

Le soir, à sept heures, un banquet amical réunissait tous les membres du jury; il était présidé par M. le général Pagès, assisté de MM. Lefebvre et Védrine, de M. Bart, président de la Société des Fêtes, et de plusieurs officiers. Au dessert, M. Védrine, après avoir remercié les jurés de leur zèle et de leur dévouement, a porté un toast à la commission d'organisation des fêtes du Centenaire et à M. le Maire de Versailles, qui a su lui donner une si profitable impulsion.

LA FÊTE DE NUIT

Nous ne saurions avoir de fête sans les Grandes-Eaux du Parc qui constituent toujours, pour l'étranger, le plus puissant attrait de nos programmes et que les Versaillais eux-mêmes ne se lassent pas d'admirer. Cette fois, nous l'avons déjà dit, la foule des admirateurs fut plus considérable que jamais, et il était tout à fait impossible, le soir, de circuler à la fête de nuit donnée au bassin de Neptune.

Outre la tribune de la Société des Fêtes et les chaises destinées aux membres de cette association, une enceinte spéciale avait été réservée aux membres des sociétés de gymnastique en tenue.

On a prétendu, en voyant les fontaines lumineuses du Champ de Mars, que Versailles était détrôné, et que ses fêtes de nuit, désormais éclipsées, vont devenir désertes. Quittez ce souci : on pourra établir partout des fontaines aux jets colorés par la lumière électrique, on ne leur donnera nulle part un entourage qui ait la majesté de notre parc.

Est-ce à dire qu'il n'y ait rien à faire, sinon pour résister à une concurrence qui ne se pose pas, au moins pour marcher avec le progrès ? L'administration ne l'a pas cru ; elle a mis de suite des améliorations à l'étude, et plusieurs, de l'aveu général, ont déjà été réalisées ce soir-là.

Il n'est pas prouvé du reste que le système du Champ de Mars soit désirable au bassin de Neptune. Ce n'est pas seulement la coloration des eaux qui nous intéresse : ce que nous devons vouloir et chercher avant tout, c'est un éclairage faisant valoir l'ensemble de l'œuvre, c'est la possibilité de voir la nuit cet admirable bassin comme nous le voyons en plein jour : baigné en tous ses détails par une lumière de couleur changeante, qui lui donne un aspect encore plus féerique.

Les portiques aux mille verres de couleurs qui sont, il faut le reconnaître, d'un fort bel effet en dehors du jeu des Grandes-Eaux et ont l'avantage de donner plus de durée à la fête, présentent l'inconvénient de former un fond brillant sur lequel les eaux ne peuvent que fort difficilement paraître lumineuses. Il semble que l'on pourrait les déplacer de manière à laisser dans l'obscurité les massifs en arrière du bassin. On pourrait obtenir ainsi plus aisément l'éclairage des eaux et produire, en outre, des effets de lumière électrique sur la Pyramide, dans l'allée des Marmousets et les massifs splendides qui la bordent.

Des recherches et des tentatives en ce sens ont été faites sans produire encore de résultat ; les unes à cause de l'insuffisance des appareils employés, les autres à cause des dépenses trop élevées qu'elles menaçaient d'entraîner. Enfin l'Exposition universelle avait attiré à soi tous les moyens d'action des électriciens : la municipalité s'est vue ainsi, à plusieurs reprises, littéralement empêchée de tenter toute expérience.

Malgré ces obstacles, il est impossible de méconnaître que les fêtes de nuit de 1889 et notamment les deux dernières, pour lesquelles la Ville avait fait les plus grands sacrifices, ont surpassé l'éclat de leurs devancières. Mais las ! pourquoi les flammes de Bengale, si indiquées dans la magie de nos bosquets, sont-elles capables de tant de nuages ? Dieux de l'Olympe ! on se serait cru par instants dans une étuve de désinfection. Cela oublié, tout fut idéal. Les feux d'artifice, très nourris, ont excité un long ravissement. Ce n'étaient que bravos, transports d'extase devant les bombes de gros calibre ou sur la beauté de la grande pièce. Toute d'actualité, elle représentait un énorme château féodal portant au front ce stigmate : Privilèges et abus ; et qui, bombardé par un jet continuel de chandelles romaines, s'écroula enfin, au milieu d'un tonnerre d'applaudissements, pour faire place, dans une gloire lumineuse, à cette autre inscription : Nuit du 4 août.

Telle fut cette troisième fête du centenaire, digne en tous points des deux autres, favorisée par un temps superbe, et où, grâce à la présence de notre fière jeunesse, grâce au sympathique concours de l'armée, les plus hautes espérances se mêlaient aux plus généreux souvenirs.

NOS VISITEURS EN 1889

Il semble difficile de clore ces récits sans indiquer au moins sommairement les fêtes qui, en dehors des grandes solennités du Centenaire, ont été données en 1889, comme les autres années.

Ce sont :

1° L'anniversaire de la naissance du général Hoche (dimanche qui suit le 24 juin) ;

2° La fête nationale (dimanche qui suit le 14 juillet) ;

3° La fête patronale (dimanche qui suit le 25 août, jour consacré à saint Louis, patron de Versailles) ;

4° Enfin les fêtes du quartier du Petit et du Grand-Montreuil, de Saint-Louis, fêtes organisées par un Comité de commerçants avec le concours de la Ville.

Comme nous l'avons déjà fait remarquer, la fête anniversaire de la naissance du général Hoche s'est trouvée forcément confondue en 1889, à cause de la proximité des dates (20 et 24 juin), avec le centenaire du serment juré dans la salle du Jeu de Paume.

Les autres solennités versaillaises eurent lieu à leur date accoutumée, mais elles furent célébrées avec plus d'éclat. On trouvera leurs programmes dans la partie documentaire de cet ouvrage.

Les principales attractions de ces fêtes furent :

Une revue des troupes de la garnison ;

Une grande course de vélocipèdes dans laquelle devait être couru le Championat de France ;

Une représentation gratuite au Grand-Théâtre ;

Deux feux d'artifices ;

Trois fêtes de nuit ;

Des distributions dans les asiles municipaux pour améliorer le menu ordinaire des vieillards et des orphelins.

Nos enfants eurent aussi deux représentations spéciales. La caisse des Écoles, à l'instigation de son vice-président, M. Edmond Debains, avait pensé à modifier quelque peu les deux matinées qu'elle donne tous les ans. Ces matinées eurent lieu le 10 et le 17 juillet, dans la salle des Variétés. Près de neuf cents jeunes filles assistaient à la première, plus d'un millier de garçons à la seconde. Outre des exercices de physique amusante, exécutés avec beaucoup d'entrain par un magicien de Paris, des projections avec lumière oxhydrique avaient été organisées. M. Eugène Lefebvre, professeur au lycée de Versailles, avait bien voulu, cette fois encore, prêter son concours et faire défiler une quarantaine de vues représentant les grands hommes et les grandes scènes de la Révolution française. Ces vues avaient été prêtées par la Ligue de l'Enseignement [1]. Des explications — aussi familières que possible — étaient présentées sur chacune par M. Eugène Dubief, un des secrétaires de la Ligue. A plusieurs reprises, il a poussé les enfants à donner eux-mêmes ces explications. Le jeune auditoire, très animé, très vibrant, surtout aux scènes de bataille, a répondu avec un réel savoir et pris, à l'évocation de ces glorieux souvenirs, un intérêt qui fait honneur aux maîtres et maîtresses de nos écoles communales.

Le nombre des visiteurs venus à Versailles à l'occasion de ces diverses fêtes, et pour assister au jeu des Grandes-Eaux, s'est élevé au chiffre considérable de 809,016 par les chemins de fer et tramways, d'après l'état ci-après dressé par M. Baudat, commissaire central de police.

Parmi ces visiteurs pourraient se citer bien des noms illustres, français ou étrangers. Nous n'avons pas à parler ici de ceux qui sont venus sans bruit et sans apparat, mais tous les Versaillais ont encore à l'esprit la visite éclatante de deux souverains exotiques, le shah de Perse, déjà nommé, et sa majesté très africaine Dinah-Salifou. Quel remue-ménage surtout occasionna ce dernier, quel effet il produisit

1. Qui, depuis 1884, a pris en main dans toute la France, sur la proposition de M. Journault, la célébration intellectuelle et morale du Centenaire de 1789.

avec sa suite : nègres, négresses et négrillons, tous vêtus de robes plus voyantes les unes que les autres, et accompagnés d'étourdissants musiciens qui servirent à nos oreilles, de place en place, un échantillon authentique de l'harmonie sénégambienne !

VILLE DE VERSAILLES

ÉTAT indiquant le nombre des étrangers venus dans cette ville pour assister aux fêtes du Centenaire de 1789.

DATES.	ÉNONCIATION DES FÊTES.	NOMBRE D'ÉTRANGERS.
5 mai 1889...	Fêtes du centenaire de l'ouverture des États-Généraux. Inauguration du Bassin de Neptune.............................. ..	94,309
19 —	Grandes-Eaux...........................	22,481
2 juin.......	Grandes-Eaux...........................	22,436
11 —	Grandes-Eaux à l'occasion de l'arrivée des Sociétés de Gymnastique qui avaient concouru à Vincennes......................	12,360
20 —	Fête du centenaire du Serment du Jeu de Paume................................	18,671
23 —	Fête du 121e anniversaire de la naissance du général Hoche, Grandes-Eaux et fête de nuit au Bassin de Neptune..............	31,249
7 juillet	Grandes-Eaux et fête du quartier du Petit-Montreuil..............................	31,983
21 —	Fête Nationale, Grandes-Eaux, feu d'artifice place d'Armes.........................	36,953
4 août.......	Fête commémorative de l'Abandon des Privilèges, concours de gymnastique au parc, fête de nuit au Bassin de Neptune........	50,950
25 —	Fête et foire Saint-Louis, joutes sur le canal, Grandes-Eaux et fête de nuit au Bassin de Neptune........	40,412
	A reporter..........	361,804

DATES.	ÉNONCIATION DES FÊTES.	NOMBRE D'ÉTRANGERS.
	Report............	361,804
1er septembre	Grandes-Eaux et foire de Saint-Louis..	63,828
15 —	Grandes-Eaux......................	44,902
6 octobre....	Grandes-Eaux......................... ...	33,491
20 —	Grandes-Eaux (dernier dimanche)..........	24,991
	Étrangers venus en semaine par le chemin de fer, les mails-coachs et le tramway, du 20 juin au 20 octobre, pour visiter les Musées et les Trianons.................	280,000
	TOTAL............... ..	809,016

Versailles, le 22 octobre 1889.

Le Commissaire central,
BAUDAT.

Lors de l'Exposition de 1878, époque où la ville de Versailles était le siège officiel et effectif du Gouvernement le nombre des visiteurs n'avait été que de 337,963.

Donc 500,000 personnes de plus qu'en 1878 nous ont honorés de leur présence en 1889, sont venues fêter avec nous nos grands anniversaires et admirer les merveilles de toute nature répandues avec profusion tant au Château qu'au Parc et aux Trianons.

Que toutes reçoivent nos remerciements et se persuadent bien que la Ville, heureuse de les recevoir, a fait tout ce qui dépendait d'elle pour les bien accueillir et leur laisser un souvenir agréable de leur séjour à Versailles.

DEUXIÈME PARTIE

DOCUMENTS

DOCUMENTS

CONSEIL MUNICIPAL DE VERSAILLES

MAIRE.

M. Édouard LEFEBVRE.

ADJOINTS.

MM. Lenoir.
Védrine.
Guétonny.

CONSEILLERS MUNICIPAUX.

MM. Truffaut.
Bart.
Rabot.
Remilly.
Meinadier.
Bachelet.
Quéro.
Pajard.
Duboscq.
Leroy.
Martinon.
Gorgeron.
Christen.

MM. Gourdin.
Laffitte.
de la Courneuve.
Deroisin.
Cressigny.
Simonnot.
Alglave.
Rogues.
Vacher.
Tissu.
Tabary.
Rigollet.

FÊTES DU CENTENAIRE

COMMISSION D'ORGANISATION

BUREAU.

MM. Lefebvre (Édouard), maire de Versailles, *président.*
Ottenheim, conseiller général, *vice-président.*
Védrine, président de la Société de gymnastique, *vice-président.*
Quéro, président de l'Union versaillaise du Commerce et de l'Industrie pour 1888, *secrétaire.*
Leroy, conseiller municipal, *secrétaire.*

MEMBRES.

MM. Barbe, président de la Société de tir, député de Seine-et-Oise.
Bart (Victor), président de la Société des Fêtes versaillaises.
Cousin, directeur du Conservatoire.
Couturier, inspecteur d'Académie.
Debains, ancien conseiller municipal.
Délerot, bibliothécaire de la ville.
Deroisin, conseiller général, ancien maire de Versailles.
Favier (Paul), architecte, inspecteur des palais de Versailles et Trianon.
Fouraignan, directeur du Service des Eaux.
Gosselin, conservateur du Musée de Versailles.
Guétonny, conseiller municipal, adjoint au Maire.
Hardy, secrétaire général de la Société d'horticulture.
Haussmann, conseiller général.
Laffitte, conseiller municipal.
Lambert, architecte du palais de Versailles.
Laurent-Hanin, archiviste de la Ville.

MM. Legrand, président de la Société des Sciences morales et des Arts.
Lenoir, adjoint au Maire de Versailles.
Petit, architecte de la Ville.
Pillet, président du Tribunal de commerce.
Richard, président de la Société des Sciences naturelles.
Rigollet, conseiller municipal.
Rogues, conseiller municipal.
Roubinet, président de l'Union versaillaise du Commerce et de l'Industrie pour 1889.
Ruelle, secrétaire général de la Société d'agriculture.
Terrade (Charles), président de la Société philharmonique.
Truffaut, conseiller municipal.

FÊTES DU CENTENAIRE

COMMISSION D'EXÉCUTION

MM. Lefebvre (Éd.), président de la Commission des Fêtes du centenaire.
Ottenheim, vice-président — —
Védrine, vice-président — —
Quéro, secrétaire — —
Leroy, secrétaire — —

MM. Bart (Victor).
Rogues.
Cousin.
Haussmann.
Terrade (Charles).
Debains.
Truffaut.

LISTE

DES FONCTIONNAIRES ET DES CORPORATIONS

INVITÉS A LA FÊTE DU 5 MAI

(Cartes blanches)

Le Président de la République ;
Le Président du Sénat ;
Le Président de la Chambre des Députés ;
Les Ministres et Sous-Secrétaire d'État[1] ;
Le Grand Chancelier de la Légion d'honneur ;
Le Gouverneur militaire de Paris ;
Les Généraux membres du Conseil supérieur de la Guerre ;
Les Officiers de la maison militaire ;
Les Membres du Bureau du Sénat ;
Les Membres du Bureau de la Chambre des Députés ;
Les Sénateurs et les Députés ;
Le Préfet de la Seine et le Secrétaire général ;
Le Préfet de Police et le Secrétaire général ;

1. Les ministres présents furent :

MM. Tirard, président du Conseil, ministre du Commerce, de l'Industrie et des Colonies.
Thévenet, garde des Sceaux, ministre de la Justice et des Cultes.
Spuller, ministre des Affaires étrangères.
Rouvier, ministre des Finances.
Constans, ministre de l'Intérieur.
De Freycinet, ministre de la Guerre.
Le vice-amiral Krantz, ministre de la Marine.
Fallières, ministre de l'Instruction publique et des Beaux-Arts.
Yves-Guyot, ministre des Travaux publics.
Faye, ministre de l'Agriculture.
Etienne, sous-secrétaire d'Etat aux Colonies.

Le Préfet de Seine-et-Oise;
L'Évêque de Versailles;
Le Maire de Versailles;
La Députation du Conseil d'État;
Une Députation des Grand-Croix et Grands-Officiers de l'Ordre de la Légion d'Honneur et une députation du Conseil de l'Ordre;
La Députation de la Cour de Cassation;
La Députation de la Cour des Comptes;
La Députation du Conseil supérieur de l'Instruction publique;
Les Députations de l'Institut;
La Députation de la Cour d'appel;
La Députation du Conseil supérieur du Commerce;
La Députation du Conseil supérieur de l'Agriculture;
La Commission de Contrôle et des Finances de l'Exposition;
Le Gouverneur et les Sous-Gouverneurs de la Banque de France;
Le Gouverneur et les Sous-Gouverneurs du Crédit Foncier;
La Commission spéciale de Contrôle des Fêtes;
La Députation des Secrétaires généraux, Directeurs, Sous-Directeurs, Chefs de divisions et Administrateurs des Ministères et de la Légion d'Honneur, et les Délégués au Conseil supérieur des Colonies;
Le Personnel supérieur de l'Exposition;
Le Secrétaire général de la Préfecture de Seine-et-Oise, les Sous-Préfets du Département; la Députation du Conseil de Préfecture de la Seine et le Conseil de Préfecture de Seine-et-Oise; les Directeurs et Chefs de Service des Préfectures de la Seine, de Police et de Seine-et-Oise;
La Députation du Conseil municipal de Paris, du Conseil général de la Seine et du Conseil général de Seine-et-Oise;
La Députation des Maires et Adjoints de la Ville de Paris; le Conseil municipal de Versailles et les Chefs des services municipaux[1];
Le Vice-Recteur de l'Académie de Paris et la Députation du Corps académique;

1. Les chefs des divers services municipaux étaient :

MM. Baudat, commissaire central.
Gatin, secrétaire général.
Imbault, ingénieur voyer de la Ville.
Pavion, préposé en chef de l'octroi.
Tiercelin, receveur municipal.

La députation du Tribunal de première instance de la Seine et de Seine-et-Oise ;

La Députation du Tribunal de Commerce de la Seine et de Seine-et-Oise ;

Les Députations de la Chambre de Commerce de Paris ;

La Députation des Juges de paix de Paris et de Versailles ;

La Députation des quatre Conseils de Prud'hommes ;

La Délégation du Corps des Commissaires de police de la Ville de Paris ;

La Députation du Corps des Ponts-et-Chaussées et des Mines ;

La Députation des Écoles des Ponts-et-Chaussées et des Mines ;

Les Présidents et Directeurs de Chemins de fer ;

La Députation du Collège de France ;

La Députation de l'Ecole Normale supérieure ;

La Députation de l'Ecole nationale des Langues orientales vivantes ;

La Députation de l'Ecole des Chartes ;

La Députation du Muséum d'histoire naturelle ;

La Députation de l'Académie de Médecine ;

La Députation du Conservatoire national des Arts-et-Métiers ;

La Députation de l'Ecole spéciale des Beaux-Arts ;

La Députation de la Société nationale d'Agriculture ;

La Députation de l'Institut national agronomique ;

La Députation de l'Ecole centrale des Arts-et-Manufactures ;

La Députation du Conseil de l'Ordre des Avocats au Conseil d'Etat et à la Cour de Cassation ;

La Députation du Conseil de l'Ordre des Avocats à la Cour d'appel ;

Le Conseil des Référendaires au Sceau ;

La Députation de la Presse ;

La Députation de la Chambre des Notaires ;

Les Députations de la Chambre des Avoués ;

La Députation de la Chambre des Commissaires-Priseurs ;

La Députation de la Chambre des Huissiers ;

La Députation de la Chambre syndicale des Agents de Change ;

La Députation de la Chambre syndicale des Courtiers d'assurances près la Bourse de Paris ;

La Députation de la Chambre syndicale des Courtiers de marchandises.

AUTORITÉS MILITAIRES

L'Etat-Major particulier du Ministre de la Guerre ;
L'Etat-Major général du Ministre de la Guerre ;
Les Directeurs et Sous-Directeurs au Ministère de la Guerre ;
Les Comités du Ministère de la Guerre ;
Le Général commandant l'Hôtel des Invalides et son Etat-Major ;
Les Généraux commandant les Ecoles de Guerre, Polytechnique et Saint-Cyr ;
Les Directeurs et Sous-Directeurs de ces Écoles ;
L'Etat-Major du Ministre de la Marine ;
Le Conseil d'Amirauté ;
Les Directeurs du Ministère de la Marine ;
Le Conseil des Travaux et les Comités de la Marine ;
L'Etat-Major du Gouverneur militaire de Paris ;
Les Officiers généraux et supérieurs stationnés dans le Gouvernement militaire de Paris et de Versailles[1] ;
Les Officiers supérieurs de réserve et de l'Armée territoriale.

1. Les généraux commandant à Versailles étaient :

M. le général de brigade Pagès, commandant le département de Seine-et-Oise, ayant pour officier d'ordonnance M. Ravenez, capitaine au 129e régiment d'infanterie.

M. le général de brigade Macé, commandant l'artillerie du 3e corps d'armée, ayant pour officier d'ordonnance M. Compagnon, capitaine en premier.

Spécimen des Cartes d'invitation

RÉPUBLIQUE FRANÇAISE

Fêtes du Centenaire de 1789

Au nom du PRÉSIDENT DE LA RÉPUBLIQUE FRANÇAISE,

Monsieur ....

est prié de vouloir bien assister aux CÉRÉMONIES COMMÉMORATIVES DE L'OUVERTURE DES ÉTATS-GÉNÉRAUX, *qui auront lieu à* VERSAILLES, *le Dimanche 5 Mai 1889.*

Invitation strictement personnelle.

A 2 heures précises, une plaque commémorative de l'ouverture des États-Généraux sera posée en présence de M. le Président de la République sur la façade de l'ancien Hôtel des Menus-Plaisirs, Avenue de Paris.

A 3 heures, les troupes des garnisons de Seine-et-Oise défileront sur la Place d'Armes, devant M. le Président de la République.

A 3 heures 1/2, Cérémonie officielle au Château dans la Galerie des Glaces et lunch dans la Galerie des Batailles.

A 5 heures 1/2, Grandes-Eaux au Bassin de Neptune, nouvellement restauré.

Spécimen des Cartes d'invitation

RÉPUBLIQUE FRANÇAISE

Monsieur ....

est prié de vouloir bien assister à la CÉRÉMONIE COMMÉMORATIVE DE L'OUVERTURE DES ÉTATS-GÉNÉRAUX, *qui aura lieu à* VERSAILLES, *le Dimanche 5 Mai 1889, à 2 heures précises, Avenue de Paris, devant l'ancien Hôtel des Menus-Plaisirs, et au défilé des troupes sur la Place d'Armes.*

Enceinte A. Entrée pour une personne.

FÊTES DU CENTENAIRE DE 1789

Le 5 Mai 1889

Enceinte réservée aux Dames, Avenue de Paris

EN FACE DE L'ANCIEN HOTEL DES MENUS-PLAISIRS

ENTRÉE POUR UNE DAME

NOTA. — Les invitées ne pourront être reçues que jusqu'à une heure et demie.

RÉPUBLIQUE FRANÇAISE

FÊTES DU CENTENAIRE DE 1789

FÊTE COMMÉMORATIVE A VERSAILLES
DE
L'OUVERTURE DES ÉTATS-GÉNÉRAUX
5 MAI 1889

MESURES D'ORDRE

Le Préfet de Seine-et-Oise et le Maire de Versailles, agissant chacun en ce qui le concerne, en vertu des lois et règlements concernant la police de grande voirie, la police municipale et l'administration du domaine de l'État;

Vu le plan de la Ville et des environs;

Vu la loi du 5 avril 1884;

Considérant qu'en vue de la Fête nationale qui doit avoir lieu à Versailles le 5 mai prochain, il est indispensable d'assurer autant que possible la commodité et la sécurité de la circulation du public dans les rues de la ville, de permettre l'accès aux divers emplacements réservés, tout en laissant aux voitures, cavaliers et piétons, la possibilité de traverser la ville.

Arrêtent :

Article premier. — Le 5 mai prochain, de une heure à quatre heures, la circulation des voitures et des cavaliers sera interdite sur la totalité de l'avenue de Paris, ainsi que sur la place d'Armes.

Les voitures et cavaliers pourront circuler sur l'avenue de Paris depuis la rue de la Vieille-Église jusqu'à l'avenue de Porchefontaine, mais il leur est absolument interdit de stationner entre ces deux points.

Article 2. — Les voitures et cavaliers, *venant de Versailles par la route de Paris, devront :*

1° S'ils *doivent se rendre dans le quartier Notre-Dame* ou ressortir par l'une des grilles suivantes : *Duplessis, boulevard du Roi, Ermitage, boulevard de la Reine,* quitter la route de Paris à la rue de la Vieille-Église, et traverser Versailles par les rues de la Vieille-Église, de Montreuil, l'avenue de Saint-Cloud, la rue de Provence, le boulevard de la Reine et le boulevard du Roi ;

2° S'ils *doivent se rendre dans le quartier Saint-Louis* ou ressortir par l'une des grilles suivantes : *Chantiers, Buc, Saint-Martin, Satory, Orangerie,* quitter la route de Paris à l'avenue de Porchefontaine et traverser le territoire de Versailles par ladite avenue, la première rue à droite dans la plaine de Porchefontaine, la rue des Chantiers, la rue de Noailles, l'avenue de Sceaux, la rue Royale et la rue de l'Orangerie.

Article 3. — Les voitures et cavaliers, *venant à Versailles par la route de Saint-Cloud,* se rendant dans le quartier Saint-Louis ou devant ressortir par l'une des grilles d'octroi suivantes : *Chantiers, Buc, Saint-Martin, Satory ou Orangerie,* devront quitter l'avenue de Saint-Cloud au carrefour de Montreuil et traverser Versailles par la rue du Refuge, la rue des Condamines, la rue Champ-la-Garde, l'avenue de Paris, la rue des Tuyaux, la rue des Chantiers, la rue de Noailles, l'avenue de Sceaux, la rue Royale et la rue de l'Orangerie.

Article 4. — Les voitures et cavaliers, *entrés à Versailles par les grilles du boulevard de la Reine, de l'Ermitage, du boulevard du Roi ou de la rue Duplessis,* devront :

1° S'ils doivent rejoindre la route de Paris, traverser Versailles à partir du boulevard de la Reine, par la rue de Provence, la rue de Montreuil et la rue de la Vieille-Église ;

2° S'ils doivent rejoindre la route de Saint-Cyr, se rendre au Parc et le traverser, même avec des voitures non suspendues, par le boulevard de la Reine, l'avenue de Trianon, l'allée des Matelots et le chemin qui passe entre le Canal et le bassin d'Apollon.

Article 5. — Les voitures, même celles qui ne sont pas suspendues, et les cavaliers *venant à Versailles par la route de Saint-Cyr,* devront :

1° S'ils doivent se rendre dans le quartier Notre-Dame ou ressortir de Versailles par l'une des grilles suivantes : *Ermitage, boulevard du Roi, Duplessis, Picardie,* quitter la route de Saint-Cyr à l'allée des Matelots, pénétrer dans le Parc de Versailles par le chemin situé entre le Canal et le bassin d'Apollon, sortir par la porte Saint-Antoine, ou traverser Versailles, en suivant l'allée de Trianon, le boulevard de la Reine, la rue de Provence et l'avenue de Picardie ;

2° S'ils doivent se rendre à Paris, traverser Versailles par la rue de l'Orangerie, la rue Royale, l'avenue de Sceaux, la rue de Noailles, la rue des Chantiers, la première rue à gauche dans la plaine de Porchefontaine, l'avenue de Porchefontaine et la route de Paris ;

3° S'ils doivent rester dans le quartier Saint-Louis ou ressortir par l'une des grilles ci-après : *Satory*, *Saint-Martin*, *Buc et les Chantiers*, suivre la route de Saint-Cyr, la rue de l'Orangerie, la rue Royale, l'avenue de Sceaux, la rue de Noailles et la rue des Chantiers.

Article 6. — Les voitures et cavaliers entrant par les grilles de Satory, Saint-Martin et Buc, pour se rendre à Paris, suivront l'itinéraire indiqué à l'article précédent à partir soit de l'avenue de Sceaux, soit de la rue des Chantiers.

Article 7. — Les voitures et cavaliers qui entreront dans Versailles par les grilles Satory et Saint-Martin, et devant se rendre dans le quartier Notre-Dame ou le traverser, suivront l'itinéraire suivant : avenue de Sceaux, rue de Noailles, rue des Tuyaux, avenue de Paris, rue Champ-la-Garde, rue des Condamines et rue du Refuge.

Ceux entrés par les grilles de Buc et des Chantiers pour se rendre dans le quartier Notre-Dame, emprunteront la rue des Chantiers, la rue de Vergennes, l'avenue de Paris, la rue Champ-la-Garde, la rue des Condamines et la rue du Refuge.

Article 8. — Les voitures et cavaliers se trouvant dans Versailles et devant se rendre du quartier Saint-Louis dans le quartier Notre-Dame, prendront l'avenue de Sceaux, la rue de Noailles, la rue des Chantiers, la rue des Tuyaux, l'avenue de Paris, la rue Champ-la-Garde, la rue des Condamines, la rue du Refuge et l'avenue de Saint-Cloud.

Le même itinéraire sera suivi en sens inverse pour le passage du quartier Notre-Dame au quartier Saint-Louis.

Article 9. — Des indications seront données aux conducteurs et cavaliers par les employés d'octroi, les portiers du parc, les agents de la police municipale, enfin par la gendarmerie ou par des sentinelles placées aux points de bifurcation.

Article 10. — Les voitures amenant à la tribune de l'ancien hôtel des Menus-Plaisirs les membres en tenue des corps constitués, prendront :

Si elles viennent du quartier Notre-Dame : la rue Montbauron, la rue Jouvencel, la rue Jean-Houdon et l'avenue de Paris, et s'en retourneront par la même voie.

Celles venant du quartier Saint-Louis prendront l'avenue de Sceaux, la rue Saint-Martin et s'arrêteront rue des Chantiers à l'extrémité de la rue de l'Assemblée-Nationale, elles repartiront par la rue de Limoges et l'avenue de Sceaux.

Article 11. — Le stationnement des voitures, des cavaliers, est formellement interdit dans les rues énoncées aux articles précédents, ainsi que dans tous les tronçons de rues aboutissant directement sur l'avenue de Paris.

Article 12. — Les piétons pourront circuler librement sur tous les points de la ville, à la seule exception de la chaussée de l'avenue de Paris et de la place d'Armes qui doivent demeurer libres jusqu'après le défilé des troupes.

Des passages seront ménagés pour permettre de traverser l'avenue de Paris entre la rue Champ-la-Garde et la rue des Tuyaux; entre la rue Saint-Pierre et l'avenue Thiers.

Article 13. — Il est défendu aux piétons de stationner : avenue Thiers, rue des Chantiers, rue de l'Assemblée-Nationale, rue de Noailles, rue Montbauron, rue Jouvencel, rue Jean-Houdon, rue Saint-Pierre, ainsi que sur la chaussée des avenues de Sceaux et de Saint-Cloud.

Article 14. — Les passages et enceintes réservés sont absolument interdits aux personnes qui ne sont pas munies de cartes.

Les échelles et échafaudages de toutes natures sont formellement défendus sur la voie publique, à cause des dangers et de la gêne que ces installations occasionnent.

Article 15. — Les dispositions qui précèdent seront en vigueur de une heure de l'après-midi à quatre heures du soir.

Article 16. — L'accès du parc et des pièces d'eau sera entièrement libre. Toutefois, les grilles qui donnent accès dans la Cour d'honneur du Château ne seront ouvertes que quelques instants après le défilé des troupes, c'est-à-dire vers quatre heures et demie du soir.

Article 17. — Le commissaire central est chargé d'assurer l'exécution du présent arrêté.

Versailles, le 30 avril 1889.

Le Maire de Versailles,
Édouard Lefebvre.

Le Préfet de Seine-et-Oise,
Albert de Girardin.

RÉPUBLIQUE FRANÇAISE

FÊTE DU CENTENAIRE DE 1789

Fête du 5 Mai 1889 à Versailles

ITINÉRAIRES ET CONSIGNES

arrêtés après la réunion tenue le 30 avril par la Commission d'exécution

Le Président de la République mettra pied à terre cent mètres environ avant d'arriver à la grille de l'octroi de Versailles, et il quittera sa voiture de voyage pour monter dans ses équipages venus la veille de Paris.

Il trouvera à la grille de l'octroi le Maire et le Conseil municipal, dont les voitures auront été rangées de manière à prendre place dans le cortège pour l'entrée en ville.

Le Maire présentera le Conseil municipal au Président de la République.

Une musique militaire jouera quelques mesures de la *Marseillaise*, depuis le moment où la voiture arrivera en vue de la grille jusqu'au moment où le Président sera reçu par la Municipalité.

Une salve d'artillerie annoncera l'arrivée du Président.

Les cloches sonneront à ce moment à toute volée dans les églises de la ville.

La voiture du Président de la République, celles des Présidents des deux Chambres, des Ministres et des personnes qui auront été admises dans le cortège s'engageront, précédées et suivies de l'escorte réglementaire, dans la haie des troupes qui sera formée de la grille de l'octroi jusqu'au Palais.

Les honneurs militaires seront rendus au chef de l'Etat.

Le Commissaire central veillera à ce qu'aucune autre voiture que celles du Président de la République, des Présidents des deux Chambres, du Préfet, de la Municipalité et du Conseil municipal, ne s'engage dans la haie des troupes. Refuser l'accès de cette voie, sans exception, à tout autre équipage qui ne serait pas de la suite réglementaire du Président.

Aucun service d'ordre ne sera nécessaire pendant tout ce parcours qui s'effectuera dans l'espace maintenu libre par les troupes de la garnison.

Arrivés à proximité de l'ancien hôtel des Menus-Plaisirs, le Président, les Ministres, le Préfet de Seine-et-Oise, la Municipalité et le Conseil municipal de Versailles quitteront leurs voitures et se dirigeront vers l'estrade et les enceintes réservées où les attendront les invités.

Une musique militaire, placée dans la cour des Menus-Plaisirs, fera entendre l'hymne national au moment de l'arrivée du Président.

Les voitures du Président, des Ministres, du Préfet, de la Municipalité et du Conseil municipal, ainsi que leurs escortes, quitteront rapidement l'avenue de Paris pour se placer dans la rue de l'Assemblée-Nationale, où elles séjourneront pendant toute la durée de la cérémonie et du défilé. Toutes les autres voitures qui auraient conduit des délégations, des fonctionnaires en uniformes, les délégations de la Magistrature et des Facultés seront placées, en face, dans la rue Jean-Houdon, de manière qu'aucune voiture ne séjourne dans l'avenue de Paris tant que le défilé des troupes n'aura pas eu lieu.

AVENUE DE PARIS — L'ESTRADE PRÉSIDENTIELLE LES ENCEINTES RÉSERVÉES

Avant l'arrivée du Président de la République, tous les invités se seront groupés devant la façade de l'hôtel des Menus-Plaisirs, dans les diverses enceintes correspondant à l'indication et à la couleur de leurs cartes.

Le Commissaire central aura opéré, avenue Thiers et rue Saint-Pierre, des dégagements de nature à faciliter l'arrivée des invités et la circulation des voitures et des piétons. — Les délégations de la Magistrature, qui se seront habillées à la Cour d'Assises, et les Facultés, qui se seront habillées à l'Hôtel-de-Ville, se rendront en voiture à l'avenue de Paris, les premières par les rues de Jouvencel et Jean-Houdon, les secondes directement, à travers la haie des troupes.

Les troupes ne devront, sous aucun prétexte, laisser passer qui que ce soit en coupant la haie. Elles auront pour consigne d'indiquer quelle est la plus prochaine issue pour gagner le chemin des enceintes réservées ou un chemin de dégagement.

La marche du tramway sur l'avenue de Paris et la rue Saint-Pierre sera arrêtée de une heure à quatre heures. Le service des Ponts-et-Chaussées et la Ville assureront l'arrosage des avenues et de la place d'Armes.

Au devant des trois enceintes réservées, des Commissaires se feront, avec le plus grand soin, représenter les cartes blanches, rouges ou bleues dont seront munis les invités. Des barrières placées autour des enceintes et percées d'une entrée d'un mètre cinquante, permettront d'éviter tout désordre et toute confusion. Sous aucun prétexte, les Commissaires ne laisseront les invités pénétrer dans une enceinte qui ne serait pas celle indiquée par leur carte.

Les invités, dans la section des cartes blanches, seront groupés dans l'ordre qui aura été d'avance déterminé par M. le Directeur du Protocole.

Le Président de la République, les Présidents des deux Chambres et les Ministres prendront place sur l'estrade qui leur aura été réservée.

Les troupes intercepteront toute communication entre les enceintes réservées et le public.

En face de l'estrade présidentielle, de l'autre côté de l'avenue de Paris, une enceinte réservée sera établie pour les dames munies de cartes d'entrée. Les invitées accèderont par la rue Jean-Houdon à cette enceinte qui sera isolée par un cordon de troupes et devant laquelle la haie des troupes sera interrompue dans les mêmes conditions qu'il sera réglé pour les enceintes de l'autre côté de l'avenue.

DISPOSITIONS POUR LE DÉFILÉ DES TROUPES

Dès que le Président de la République aura pris place sur l'estrade, les troupes qui auront formé la haie depuis la grille de l'octroi jusqu'à la rue de l'Assemblée nationale, quitteront leurs positions pour aller se placer au point que l'Autorité militaire leur aura assigné pour le défilé.

CÉRÉMONIE DEVANT L'HOTEL DES MENUS-PLAISIRS

Le Maire et le Président du Conseil des Ministres prendront la parole sur l'estrade adossée à la façade des Menus-Plaisirs.

La Musique qui se sera fait entendre à l'arrivée du Président de la République exécutera de nouveau un morceau de son répertoire.

DÉFILÉ DES TROUPES

A ce moment, et sans que les invités quittent l'estrade, aura lieu, devant l'Hôtel des Menus-Plaisirs, le défilé des troupes des garnisons de Seine-et-Oise, qui devait se faire primitivement sur la place d'Armes.

Le défilé aura lieu dans l'ordre qui aura été déterminé par l'Autorité militaire.

Quand il aura été terminé, la cavalerie formera une haie de troupes de l'Hôtel des Menus-Plaisirs jusqu'à la grille du Château. Les voitures du Président de la République et de sa suite et leurs escortes, ainsi que celles des délégations, viendront successivement se ranger devant les enceintes réservées et elles se dirigeront sur le Palais à travers la haie de cavaliers. — Les voitures du Président de la République, des Présidents des deux Chambres, des Ministres, du Préfet et de la Municipalité se retireront par la grille de la rue des Réservoirs et celle de la rue Gambetta, pour se retrouver à cinq heures et demie rue Maurepas, à côté de la grille du Dragon. Celles des autres invités les attendront rangées dans la rue des Réservoirs.

Les salles du Château sur la place d'Armes et sur les rues Gambetta et des Réservoirs ne s'ouvriront que pour les invités munis de cartes blanches.

Le Palais restera fermé au public pendant toute la journée.

Une demi-heure après l'entrée des invités (délai nécessaire à cause des lenteurs du vestiaire), les grilles du Palais seront ouvertes au public, qui pourra pénétrer dans le parc par les deux entrées donnant accès à la Terrasse, mais qui sera arrêté à la hauteur de la cour de Marbre.

ENTRÉE AU PALAIS

Le Président de la République, les Présidents des deux Chambres et les Ministres pénétreront dans le Palais par l'escalier des Ambassadeurs, les invités, par l'escalier de marbre, en bas duquel se trouvera le vestiaire.

Des appartements spéciaux seront réservés pour le Président et les Ministres à la hauteur du milieu de la Galerie des Glaces (Salon Louis XV).

Un orchestre sera placé dans le salon de la Guerre ; les musiciens devront s'y trouver établis de bonne heure.

Les représentants de la Presse, en arrivant sur le palier de l'escalier de Marbre, pourront prendre à gauche, où trois pièces qui communiquent avec la Galerie des Glaces seront mises à leur disposition. Un commissaire en chef y sera chargé de leur donner toutes les indications nécessaires.

Le Président de la République, le Président du Sénat, le Président de la Chambre des Députés et les Ministres prendront place sur une estrade qui sera établie à l'extrémité de la Galerie des Glaces, du côté du salon de la Guerre.

Après les discours et le concert, le cortège se rendra en droite ligne à la galerie des Batailles, où un lunch sera servi.

GRANDES-EAUX DANS LE PARC

Pendant la cérémonie officielle, et à partir de quatre heures un quart, les Grandes-Eaux joueront dans le Parc, comme il aura été réglé par l'Administration des Beaux-Arts.

L'Autorité militaire sera priée de mettre à la disposition de M. le Directeur des Eaux des piquets de troupes destinés à assurer l'isolement des regards et des robinets et à faciliter au besoin la circulation des agents du Service des Eaux qui vont d'un appareil à un autre.

SORTIE DU PALAIS

Après le lunch, la sortie du Président, des Ministres et des invités, s'effectuera par la salle du Sacre et l'escalier de Marbre (le personnel se sera occupé du vestiaire spécial de la Présidence, pour éviter un retour aux appartements réservés). Le Président et sa suite traverseront la cour de Marbre, puis, au rez-de-chaussée du Palais, le vestibule et la galerie Louis XIII, pour se trouver sur la Terrasse, du côté du Parc. Le cortège se rendra en droite ligne jusqu'aux marches qui descendent au bassin de Latone, descendra ensuite l'allée des Ifs du Parterre nord, prendra l'allée des Trois-Fontaines qui aboutit au bassin de Neptune.

A l'arrivée du Président, le jeu des Grandes-Eaux du bassin de Neptune sera mis en action.

Une musique militaire se fera entendre à ce moment.

DÉPART DU PRÉSIDENT

A six heures, le Président de la République quittera le Parc, remontera en voiture avec les Ministres à la grille du Dragon, et, précédé et suivi de l'escorte militaire, gagnera l'avenue de Saint-Cloud par la rue de la Paroisse et la rue Duplessis. Le Préfet et la Municipalité l'accompagneront. A la grille de l'octroi, le Président reprendra sa voiture de voyage qui l'y attendra.

FÊTES COMMÉMORATIVES
DE L'OUVERTURE
DES ÉTATS-GÉNÉRAUX
DE 1789
A VERSAILLES

Le Président de la République, accompagné des Ministres et de sa Maison militaire, se rendra le dimanche 5 mai à Versailles, pour assister aux fêtes commémoratives de l'Ouverture des États-Généraux de 1789 dans cette ville.

Il partira de l'Elysée à midi, escorté par un escadron de cavalerie et gagnera Versailles, en voiture, par la route nationale qui traverse Sèvres, Chaville et Viroflay.

Le Président de la République sera reçu à la limite du département, au pont de Sèvres, par le Préfet de Seine-et-Oise et, à l'entrée de la ville de Versailles, par la Municipalité et le Conseil municipal.

Son arrivée sera annoncée par des salves d'artillerie.

Les troupes de la garnison de Versailles formeront la haie sur le passage du Président, de la grille de l'octroi à la place d'Armes et tiendront ce parcours libre jusqu'à l'entrée du Président dans le Château.

A deux heures, le Président de la République et les Ministres arriveront devant l'ancien Hôtel des Menus-Plaisirs. Ils y seront attendus par les Présidents et les Bureaux du Sénat et de la Chambre et par tous les invités qui auront pris place dans l'enceinte réservée établie devant la façade de l'ancien édifice où les États-Généraux ont tenu séance en 1789.

Cette enceinte se composera de trois parties :

La partie centrale (cartes blanches), où seront groupés autour du Président de la République et des Ministres : les Bureaux du Sénat et de la Chambre, les Membres du Parlement, les Représentants des grands Corps de l'État et des diverses Administrations, les Conseils Généraux de la Seine et de Seine-et-Oise, la Municipalité et le Conseil municipal de Versailles, les autorités et les hauts fonctionnaires de Versailles et du Département, la Délégation de la Presse, etc.

A droite et à gauche, deux autres enceintes (cartes rouges et cartes bleues), où seront admis les invités de diverses catégories.

Une musique militaire, placée à côté de la partie centrale, jouera l'hymne national à l'entrée du Président.

Une plaque commémorative de la réunion des Etats-Généraux sera inaugurée à ce moment sur la façade de l'Hôtel des Menus-Plaisirs.

Après cette cérémonie, le défilé des troupes aura lieu devant l'estrade, dans l'ordre déterminé par l'Autorité militaire.

Immédiatement après, le Président de la République, les Présidents du Sénat et de la Chambre et les Ministres se rendront au Palais, où ils pénétreront par l'escalier des Ambassadeurs.

Les Bureaux du Sénat et de la Chambre, ainsi que les Corps et Autorités invités, entreront dans le Palais par l'escalier de Marbre, et se réuniront dans la Galerie des Glaces, dont les portes seront ouvertes à partir de deux heures.

Dans cette Galerie, le Président de la République et les Présidents du Sénat et de la Chambre prendront la parole.

L'Orchestre et les Chœurs du Conservatoire se feront entendre au cours de cette cérémonie.

Les invités se rendront ensuite dans la Galerie des Batailles où un lunch sera servi.

Les dimensions de la Galerie des Glaces, où doit se passer la réception officielle, ne permettent d'admettre à cette partie de la fête que les personnes munies de cartes blanches.

Pendant la cérémonie officielle les Grandes-Eaux joueront dans le Parc et, à cinq heures et demie précises, le Président de la République se rendra au bassin de Neptune, où il assistera à l'inauguration de ce bassin nouvellement restauré.

A six heures, le Président de la République montera en voiture à la grille du Dragon et rentrera à Paris par Ville-d'Avray, Saint-Cloud et le Bois de Boulogne.

La fête se terminera par un feu d'artifice qui sera tiré dans la soirée sur la place d'Armes.

Les Autorités militaires seront en grande tenue. Les Corps constitués et les Autorités civiles seront en costume officiel ou en tenue de soirée avec leurs insignes.

Des vestiaires spéciaux seront installés au Palais de Justice, pour la Magistrature, et à l'Hôtel-de-Ville pour les délégations de l'Université.

Un salon sera mis à la disposition des membres de la délégation officielle de la Presse et un service télégraphique sera installé dans le Palais du Congrès.

RÉPUBLIQUE FRANÇAISE

LIBERTÉ, ÉGALITÉ, FRATERNITÉ

FÊTES DU CENTENAIRE DE 1789

FÊTE COMMÉMORATIVE A VERSAILLES DE L'OUVERTURE DES ÉTATS-GÉNÉRAUX

PROGRAMME DE La Fête du 5 Mai 1889

FÊTE OFFICIELLE

SALVES D'ARTILLERIE, à neuf heures du matin, à deux heures de l'après-midi et cinq heures du soir.

RÉCEPTION DU PRÉSIDENT DE LA RÉPUBLIQUE, DES MINISTRES, DES MEMBRES DU PARLEMENT ET DES CORPS CONSTITUÉS, à deux heures, avenue de Paris, par les autorités départementales et municipales.

INAUGURATION D'UNE PLAQUE COMMÉMORATIVE DE L'OUVERTURE DES ÉTATS-GÉNÉRAUX, à deux heures de l'après-midi, à l'ancien hôtel des Menus-Plaisirs, en présence du Gouvernement.

DÉFILÉ DES TROUPES des garnisons de Seine-et-Oise devant le Président de la République, à trois heures, place d'Armes.

GRANDES-EAUX dans le parc, à quatre heures, pendant la réception et la cérémonie officielles, qui auront lieu dans la Galerie des Glaces, au Palais.

INAUGURATION DU BASSIN DE NEPTUNE (*entièrement restauré*), à cinq heures et demie, en présence du Président de la République.

FÊTE MUNICIPALE

Samedi 4 Mai.

CONFÉRENCE sur l'ouverture des États-Généraux, à huit heures du soir, au théâtre des Variétés de Versailles.

Dimanche 5 Mai.

Distribution extraordinaire de SECOURS AUX INDIGENTS.

FÊTE FORAINE, avenue de Saint-Cloud.

DÉCORATION ET PAVOISEMENT des édifices publics et de l'ancien hôtel des Menus-Plaisirs.

ILLUMINATION des édifices et monuments publics.

FEU D'ARTIFICE, à neuf heures du soir, place d'Armes.

Le Commissaire général des Fêtes du Centenaire,
ALPHAND.

Le Préfet de Seine-et-Oise,
ALBERT DE GIRARDIN.

Le Maire de Versailles,
ÉDOUARD LEFEBVRE.

RÉPUBLIQUE FRANÇAISE

VILLE DE VERSAILLES

FÊTES DU CENTENAIRE DE 1789

SALLE DES VARIÉTÉS

Le Samedi 4 Mai 1889, à 8 heures 1/2

CONFÉRENCE PUBLIQUE

PAR

M. LEDRU, Avocat, Docteur en droit

SUR

L'OUVERTURE DES ÉTATS-GÉNÉRAUX

Organisée sous la Présidence de M. le Maire de Versailles
par la Bibliothèque populaire

PROJECTIONS LUMINEUSES

CONCERT PAR LA SOCIÉTÉ ORPHÉONIQUE

PROGRAMME

LA MUETTE (chœur), par la Société orphéonique.

CONFÉRENCE, par M. Ledru.

Projections lumineuses.

LA MARSEILLAISE (chœur), par la Société orphéonique.

PLAN DES ENCEINTES RÉSERVÉES

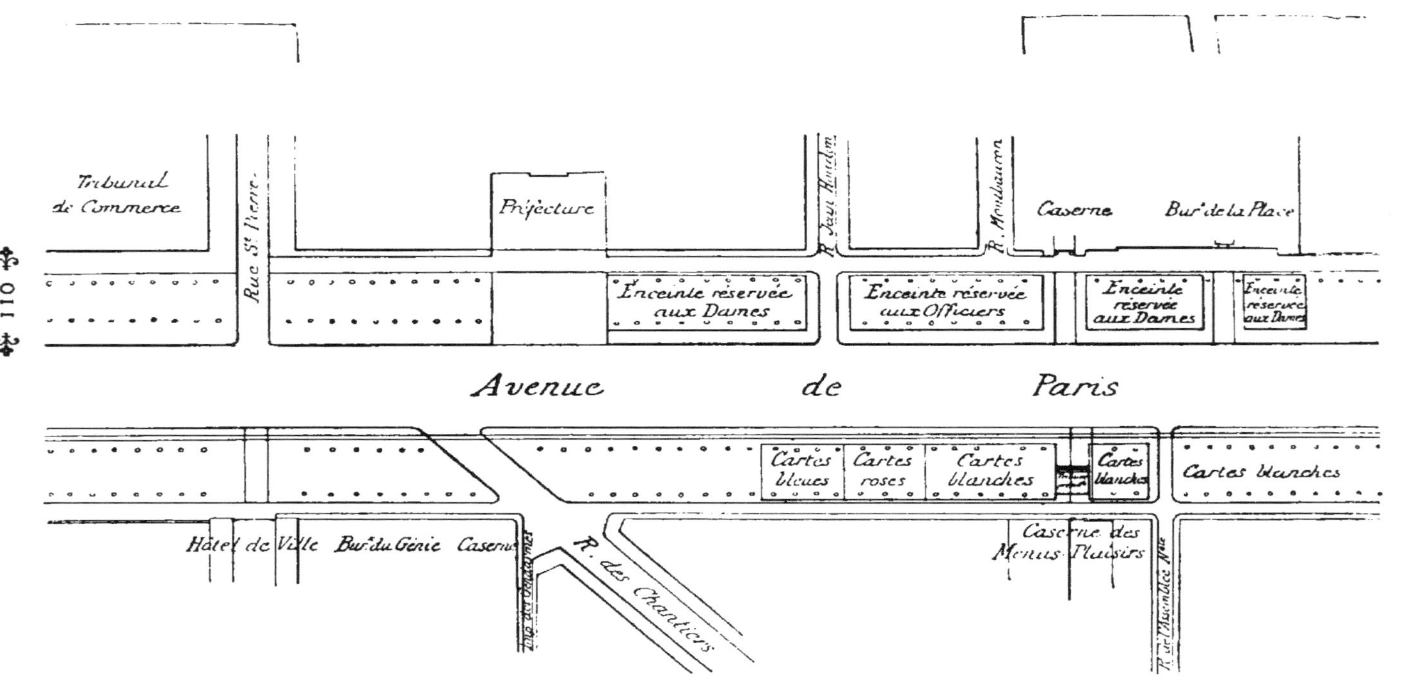

FÊTE DU 5 MAI

LISTE DES COMMISSAIRES AUX ENTRÉES

MM. Ariès.
Avalle.
Barbier-Bouvet.
Beugniet.
Binder.
Bouland.
Buiret.
Couturier (Auguste).
Couturier (Louis).
Daulé.
Dax.
Delaisse.
Diette.
Fisanne.
Germain.
Glachant.
Gombaud.
Gontrand.
Grosse.
Guy.
Harlaut.

MM. Hugonnet.
Jacquemart.
Jacquinet.
Laroche.
Lavault.
Lavergne.
Lejeune.
Lemoine.
Margat.
Marion.
Ménager.
Monira (Paul).
Mouton.
Muller.
Muret.
Nicaux.
Peurou.
Sedlinger.
Simonnet.
Texier.
Tilliet.

GOUVERNEMENT MILITAIRE
DE PARIS

—

ÉTAT-MAJOR

—

ORDRE GÉNÉRAL N° 4

—

TROUPES RASSEMBLÉES
A VERSAILLES

ORDRE

RELATIF A

LA FÊTE DU CENTENAIRE

DE

L'OUVERTURE DES ÉTATS-GÉNÉRAUX

LE 5 MAI 1889

A VERSAILLES

A l'occasion de la fête du Centenaire de l'ouverture des États-Généraux, les troupes ci-après seront rassemblées à Versailles, le dimanche 5 mai 1889, et défileront devant M. le Président de la République.

I. — ÉCOLES MILITAIRES

École polytechnique, 1 bataillon à 4 compagnies de 36 files; École militaire de l'artillerie et du génie, 2 compagnies de 28 files;	Sous les ordres de M. le général Henry, commandant de l'Ecole polytechnique.

École spéciale militaire, 2 bataillons à 4 compagnies de 36 files. — Général Motas d'Estreux.

II. — TROUPES A PIED — Sous les ordres de M. le général Pagès, commandant le département de Seine-et-Oise.

1er régiment du génie,	3 bataillons à 4 compagnies de 36 files;
Génie territorial,	1 bataillon —
18e bataillon de chasseurs à pied,	1 bataillon —
20e —	1 bataillon —
5e régiment d'infanterie,	1 bataillon —
89e —	1 bataillon —

III. — ARTILLERIE ET TRAIN DES ÉQUIPAGES — Sous les ordres de M. le général Macé, commandant l'artillerie du 3e corps d'armée.

11e régiment d'artillerie, 4 batteries montées à 6 pièces et 6 caissons ;
20e escadron du train, 2 pelotons, escortant l'étendard de leur arme, sous les ordres du lieutenant-colonel.

IV. — CAVALERIE — Sous les ordres de M. le général Rapp, commandant la 2e brigade de chasseurs.

École spéciale militaire,	1 escadron de 40 files ;
4e régiment de chasseurs,	4 escadrons de 48 files ;
5e —	4 —
3e régiment de cuirassiers,	4 —

Toutes ces troupes seront placées sous les ordres de M. le général Lardeur, commandant la 1re division de cavalerie.

DISPOSITION DES TROUPES SUR LE PASSAGE DE M. LE PRÉSIDENT DE LA RÉPUBLIQUE

Les troupes ci-dessus seront disposées sur la chaussée centrale de l'avenue de Paris, entre la rue de l'Assemblée-Nationale et la grille de l'octroi, sur deux lignes déployées se faisant face, bordant les trottoirs de la chaussée et formeront ainsi la haie sur le passage de M. le Président de la République. Elles seront placées, savoir :

BORDANT LE TROTTOIR NORD DE LA CHAUSSÉE CENTRALE DE L'AVENUE DE PARIS

École polytechnique, École militaire de l'artillerie et du génie, État-major et 2 bataillons du 1er régiment du génie, 18e bataillon de chasseurs à pied, 5e régiment d'infanterie (état-major et 1 bataillon),	De la rue de l'Assemblée-Nationale au coude de l'avenue de Paris.
20e escadron du train, Escadron de l'École spéciale militaire, 4e régiment de chasseurs, État-major et 2 escadrons du 3e régiment de cuirassiers.	Du coude de l'avenue de Paris à la grille de l'octroi.

BORDANT LE TROTTOIR SUD DE LA CHAUSSÉE CENTRALE DE L'AVENUE DE PARIS

École spéciale militaire (face à l'École polytechnique et à l'École militaire de l'artillerie et du génie), 3e bataillon du 1er régiment du génie, Bataillon territorial du génie, face à l'état-major et aux 2 premiers bataillons du 1er régiment du génie, 20e bataillon de chasseurs, face du 18e bataillon de chasseurs, 89e régiment d'infanterie, face du 5e régiment d'infanterie,	De la rue de l'Assemblée-Nationale au coude de l'avenue de Paris.
11e régiment d'artillerie, face à l'escadron de Saint-Cyr et du train, 5e régiment de chasseurs, face au 4e régiment de chasseurs, 2 escadrons du 3e régiment de cuirassiers, face au 1er demi-régiment.	Du coude de l'avenue de Paris à la grille de l'octroi.

Les sapeurs, tambours, clairons, trompettes et musiques se placeront à la droite de leur corps respectif, dans les intervalles qui seront réduits autant qu'il sera nécessaire.

Toutes les troupes de la garnison de Versailles, autres que celles précitées, seront laissées à la disposition de M. le général commandant d'armes de Versailles pour assurer le service d'ordre et pour faire la haie de la place d'Armes à la caserne des Menus-Plaisirs, sur les contre-allées de l'avenue de Paris, bordant la chaussée centrale qui sera laissée complètement libre pour le défilé.

TENUE

Toutes les troupes de l'armée active seront en grande tenue de service. Tous les hommes auront des gants blancs.

Dans les corps de troupe à pied, on ne prendra pas le revolver, les hommes auront la capote relevée, le pan de gauche recouvrant l'épée-baïonnette, la veste roulée sur le sac, la doublure en dehors, une seule berne ou cartouchière placée en arrière, le petit bidon placé uniformément en arrière de la hanche droite.

Les sapeurs du génie auront seuls les outils portatifs.

Les porte-sacs ne seront armés que du sabre ou de l'épée-baïonnette.

MM. les officiers généraux seront en culotte blanche.

ITINÉRAIRES

Le 18e bataillon de chasseurs, les 5e et 89e régiments d'infanterie, se rendront à Versailles par Ville-d'Avray et gagneront leur emplacement par les rues du Refuge et Champ-la-Garde.

Le 1er régiment du génie et le 20e bataillon de chasseurs gagneront leur emplacement par la rue de Noailles.

Les Écoles militaires, l'artillerie et la cavalerie s'y rendront par l'avenue de Paris.

HEURE A LAQUELLE LES TROUPES SERONT SUR LEUR EMPLACEMENT

Toutes les troupes devront être en position à 1 heure 15 minutes.

HONNEURS A RENDRE A M. LE PRÉSIDENT DE LA RÉPUBLIQUE A SON ARRIVÉE A VERSAILLES

L'arrivée de M. le Président de la République à la grille de l'octroi de Versailles sera signalée par la sonnerie des trompettes du 3e régiment de cuirassiers, et par le premier coup d'une salve tirée par une section du 11e régiment d'artillerie.

M. le général commandant d'armes à Versailles déterminera l'emplacement de cette section et organisera un système de signaux pour annoncer le moment précis de l'arrivée du chef de l'État.

Après avoir été reçu par le *général commandant les troupes et le Maire de Versailles*, M. le Président de la République se rendra à la caserne des Menus-Plaisirs en passant entre les troupes qui lui rendront les honneurs, conformément aux prescriptions des règlements.

Les musiques et fanfares joueront l'*hymne national* pendant toute la durée de son passage devant leur corps respectif. *La musique du 1er régiment du génie* ne cessera de jouer que lorsque le chef de l'État aura dépassé les Ecoles militaires.

La musique du 89e régiment d'infanterie, préalablement placée dans la caserne des Menus-Plaisirs, jouera l'hymne national à l'arrivée de M. le Président de la République devant ladite caserne.

MOUVEMENTS PRÉPARATOIRES AU DÉFILÉ

Pendant la cérémonie qui aura lieu aux Menus-Plaisirs, les Ecoles militaires et les troupes à pied seront massées en colonne de bataillons en masse, face au Château, entre la rue des Tuyaux et de la Patte-d'Oie. — L'École polytechnique à hauteur de la rue des Tuyaux.

L'artillerie, le train et la cavalerie se formeront en colonne pour défiler derrière l'infanterie.

DÉFILÉ

Les troupes défileront *guide à gauche.* En passant devant la tribune adossée à la caserne des Menus-Plaisirs, les officiers hors du rang, seuls, tourneront la tête à gauche, mais tous les officiers, quelle que soit leur place, salueront M. le Président de la République.

Deux trophées de drapeaux placés de chaque côté et à égale distance de la tribune, marqueront :

Le premier, le point où les officiers abaisseront leur arme ou mettront la main à leur coiffure pour saluer le chef de l'État.

Le second, celui où ils reprendront leur position.

Les troupes à pied défileront l'arme sur l'épaule droite, en colonne de bataillons en masse (les clairons auront l'arme *à la bretelle* sans baïonnette au canon).

L'artillerie défilera au trot, par batteries à intervalles serrés.

La cavalerie au trop par divisions, à distance entière.

Une distance de brigade séparera l'École spéciale militaire de l'École militaire de l'artillerie et du génie et du 1er régiment du génie.

La tête de colonne de toutes les troupes sera formée par les *tambours, clairons et musique du 1er régiment du génie* qui feront défiler les Écoles militaires et le génie.

La fanfare du 18e bataillon de chasseurs fera défiler les chasseurs à pied.

La musique du 5e régiment d'infanterie fera défiler les 5e et 89e régiments. Elle jouera jusqu'au moment où les trompettes d'artillerie commenceront à sonner pour faire défiler les batteries.

Les trompettes d'artillerie et de cavalerie feront défiler leurs corps respectifs.

Après avoir défilé, le 11e régiment d'artillerie et le 3e régiment de cuirassiers seront reformés en bataille, entre la grille du château et l'avenue de Paris, de chaque côté de la chaussée centrale, les batteries face au sud, le 3e cuirassiers, au nord. Ils continueront ainsi jusqu'au château la haie formée par les troupes de la garnison de Versailles n'ayant pas pris part au défilé.

ÉCOULEMENT DES TROUPES APRÈS LE DÉFILÉ

Les corps de troupe conserveront leur formation jusqu'à la place d'Armes et après avoir, le plus rapidement possible, dégagé le débouché de l'avenue de Paris, ils s'écouleront par les voies ci-après :

École polytechnique, avenue de Sceaux.

École militaire de l'artillerie et du génie, rue de la Chancellerie.

École spéciale militaire, rue de la Chancellerie, grille de l'Orangerie.

1er régiment du génie, avenue de Sceaux (pour les fractions casernées rue de Noailles et Petites-Écuries).

18e bataillon de chasseurs, rues Hoche et de la Paroisse, avenues de Saint-Cloud et de Picardie, Ville-d'Avray.

20e bataillon de chasseurs, rue Satory.

89e régiment d'infanterie, rues Hoche et de la Paroisse, avenues de Saint-Cloud et de Picardie, Ville-d'Avray.

5e régiment d'infanterie, gagner la rue des Réservoirs en traversant obliquement la place d'Armes, boulevard de la Reine, avenue de Picardie, Ville-d'Avray.

20e escadron du train, rue Hoche.

4e régiment de chasseurs, rues Hoche et de la Paroisse, boulevard du Roi, Rocquencourt.

5e régiment de chasseurs, rue Satory, Dampierre.

DÉPART DE M. LE PRÉSIDENT DE LA RÉPUBLIQUE DES MENUS-PLAISIRS ET SON ARRIVÉE AU CHATEAU — HONNEURS A RENDRE

Le défilé terminé, M. le Président de la République, accompagné par les Ministres et les députations des Chambres et des grands corps de l'Etat, se rendra des Menus-Plaisirs au Château. Les troupes formant la haie sur son passage lui rendront les honneurs.

La musique du 89e se fera entendre dès que le dernier élément de la cavalerie défilant aura dépassé la tribune officielle.

ÉCOULEMENT DES TROUPES APRÈS LE DÉFILÉ

En dehors des officiers ayant reçu une invitation spéciale (carte blanche) et qui seront placés par les soins de M. le Directeur du protocole, les officiers de l'armée active non employés, les officiers de réserve et de l'armée territoriale, les agents supérieurs des sections techniques de chemin de fer de campagne, de la télégraphie militaire, de la trésorerie et des postes aux armées, *en tenue*, seront admis à assister à la cérémonie du Centenaire de l'ouverture des Etats-Généraux.

Ils devront se rendre à l'emplacement qui leur est réservé sur la contre-allée nord de l'avenue de Paris, presque en face de la caserne des Menus-Plaisirs et s'y tenir dans le plus grand ordre pendant la cérémonie et le défilé des troupes. Ils ne devront quitter leur emplacement qu'après le départ de M. le Président de la République et de son cortège.

DÉPART DE M. LE PRÉSIDENT DE LA RÉPUBLIQUE DE VERSAILLES

M. le Président de la République, partant de la grille du Dragon, quittera Versailles, vers six heures, par les rues de la Paroisse et Duplessis, les avenues de Saint-Cloud et de Picardie.

Les troupes à cheval de la *garnison de Versailles* seront disposées, par les soins de M. le Général commandant d'armes, aux principaux carrefours et places qu'il traversera dans l'intérieur de la ville et lui rendront les honneurs sur son passage.

COMPTES RENDUS

Dès la rentrée dans leurs casernements des corps de troupe ne faisant pas partie de la garnison de Versailles, les chefs de corps adresseront, directement et par le télégraphe, au gouverneur militaire de Paris, un compte rendu très sommaire des événements intéressants leur troupe, qui auraient pu se produire tant à l'aller qu'au retour.

M. le Général commandant d'armes de Versailles fera lui-même parvenir au gouverneur, le 6 mai, dans la matinée, un rapport succinct sur les incidents de toute nature survenus à Versailles, dans la journée de la veille.

Paris, le 2 mai 1889.

Le Gouverneur militaire de Paris,
GÉNÉRAL SAUSSIER.

LISTE

DE

MM. LES CONSEILLERS MUNICIPAUX

QUI SONT ALLÉS RECEVOIR M. CARNOT

MM. LEFEBVRE (Édouard), maire.
LENOIR, adjoint.
Dr VÉDRINE, adjoint.
GUÉTONNY, adjoint.

MM. TRUFFAUT.
BART (Victor).
RABOT.
Dr REMILLY.
BACHELET.
QUÉRO.
PAJARD.
DUBOSCQ.
LEROY.
MARTINON.
GORGERON.
CHRISTEN.

MM. GOURDIN.
LAFFITTE.
DE LA COURNEUVE.
CRESSIGNY.
SIMONNOT.
ALGLAVE.
Dr ROGUES.
VACHER.
TISSU.
TABARY.
RIGOLLET.

DISCOURS DE M. TIRARD

Monsieur le Président de la République,
Messieurs,

Le jour dont nous célébrons le glorieux centenaire est un des plus brillants et des plus purs qui se soient levés sur le monde. C'est le 5 mai 1789 que les Etats-Généraux se réunirent pour la première fois, ici même, dans cette ville de Versailles que ce grand souvenir met aujourd'hui en fête.

Tout à l'enthousiasme et à la joie, la France attendait, confiante et tranquille, les résolutions qu'allaient prendre les députés qu'elle avait choisis dans son sein pour porter au pied du trône ses doléances et ses vœux. Elle sentait que les temps marqués étaient venus, qu'elle allait entrer dans une vie nouvelle, naître à la liberté. Et c'est encore, à la distance où nous sommes, un admirable et touchant spectacle que celui d'une nation toute entière, calme et maîtresse d'elle-même dans le sentiment de sa force, s'apprêtant à revendiquer ses droits, sans aucun esprit de vengeance après tant de siècles de servitude et de misère, sans retour aucun vers le passé, sans désordre, sans haine ni violence.

Partout la concorde, partout le désir de la paix. Les ordres privilégiés ont compris que l'heure des sacrifices nécessaires a sonné : dans quelques jours, le clergé et la noblesse se réuniront au Tiers pour travailler avec lui à la grande transformation sociale qui doit consacrer ses droits et lui donner sa place dans l'État régénéré.

Messieurs, cette journée est unique. Elle sera suivie de bien des orages; mais elle aura vu commencer dans le calme et dans la paix la plus grande révolution et la plus féconde en bienfaits qu'ait jamais enregistrée l'histoire.

Mais la révolution a t-elle bien commencé ce jour-là ? Messieurs, elle était dans les âmes et dans les esprits bien avant d'entrer dans l'ordre des faits historiques, souvent prédite par les observateurs clairvoyants et par les grands écrivains du siècle, elle n'échappait qu'aux regards de ceux qui avaient intérêt à l'éviter.

Certes, ce n'est pas ici, dans cette ville de Versailles, au milieu de tant de nobles souvenirs du passé, qu'il serait permis de nier la grandeur de la vieille monarchie française. Rendons-lui un hommage qui ne coûte rien ni à notre patriotisme ni à notre attachement aux institutions modernes. Nous lui devons l'unité française, si fortement constituée aujourd'hui qu'il n'est plus rien qui la puisse entamer; nous lui devons des siècles de gloire, la France mise au rang des premières puissances du monde, des souvenirs qui font notre orgueil et qui contribuent puissamment au prestige du nom français. Plusieurs de ses rois, un grand nombre de ses capitaines, de ses hommes d'Etat, de ses écrivains et de ses artistes ont pris place dans cette pléiade lumineuse des grands hommes de tous les pays et de tous les temps qui fera toujours l'admiration du monde. Cette grandeur de la France monarchique est devenue par droit d'héritage notre patrimoine; il y aurait ingratitude et folie à la méconnaître.

Mais il n'y aurait pas moins d'aveuglement à ne pas voir que cette société de l'ancien régime, brillante encore à la surface, était depuis longtemps minée par le vice même de sa constitution.

La royauté semblait avoir détruit ou absorbé les tyrannies féodales; en réalité elle y avait substitué sa propre tyrannie. Inattaquable et irresponsable en droit, elle était en fait sans limite et sans contrôle. Les Etats-Généraux n'étaient plus convoqués depuis deux siècles; les Parlements avaient perdu tout droit de remontrance; les libertés locales conquises au prix de tant d'efforts au moyen âge, avaient partout disparu devant la volonté absolue de celui qu'on appelle le grand roi. La noblesse qui fut quelquefois, en d'autres pays, un frein pour le pouvoir suprême et un appui pour le peuple, n'était plus chez nous que le cortège du souverain et la parure du trône. Le clergé possesseur de biens immenses souvent improductifs, perdait de jour en jour son ascendant. Or, ces deux ordres privilégiés, mais réduits à l'impuissance, étaient toute la France aux yeux du roi et de l'étranger. Quelques milliers d'hommes éblouissaient l'Europe par leur fastueuse élégance, par les grâces frivoles de leur esprit; tandis qu'au-dessous d'eux des milliers d'autres gémissaient dans l'obscurité, dans la misère, dans le néant.

Quel ordre social, politique ou religieux pouvait-on attendre d'un régime qui n'était fondé que sur le bon plaisir et sur le privilège, et où vingt-six millions d'hommes semblaient n'exister que pour entretenir le luxe et l'oisiveté de quelques-uns?

Tout a été dit sur le désordre financier qui devait aboutir à la banqueroute, sur l'arbitraire administratif, sur les lenteurs et les inégalités de la justice, sur l'inique répartition des impôts écrasant le travail, épargnant les nobles et le clergé, sur la vénalité des charges civiles et des grades militaires, sur les entraves apportées à l'industrie, au commerce et à l'agriculture par les règlements des corporations et des maîtrises, par les douanes intérieures, les corvées, les droits féodaux, la dîme, les prohibitions; sur l'oppression et la persécution religieuses ; enfin sur l'ignorance du peuple soigneusement entretenue comme le meilleur et le plus sûr instrument de servitude.

Tout a été dit sur la misère effroyable des populations rurales que tant d'écrits contemporains nous montrent objet d'indifférence et de mépris, en butte aux traitements les plus barbares, victimes sans défense de tous les fléaux, de la maladie, de la faim, manquant souvent de ce pain « qu'elles ont semé » et réduites à se nourrir, comme les troupeaux, de l'herbe des chemins.

Faut-il s'étonner que du fond de cet abîme de maux se soit élevé un long cri de souffrance et un suprême appel à la pitié? Mais faut-il s'étonner aussi que les rois et les grands se soient longtemps bouché les oreilles pour ne pas l'entendre? Toutefois, ce cri devait trouver d'éloquents interprètes qu'il fallut bien écouter. Quelques-uns de ces malheureux s'étaient élevés peu à peu par le travail, par la persévérance, quelquefois par un véritable génie, à une condition moins méprisée en dépit des liens dont ils étaient chargés. Ainsi sortit du sein même du troisième état, cette classe intelligente et généreuse qui fut la bourgeoisie française. Elle n'oublia pas son origine ; elle prit en mains la cause des opprimés. Elle fit entendre la voix de ses écrivains et de ses penseurs, elle fit retentir tout le dix-huitième siècle de ses protestations indignées; elle attaqua sans relâche le despotisme, le fanatisme religieux, les privilèges et toutes les iniquités sociales; elle porta les derniers coups à un édifice déjà croulant ; et comme la royauté, affaiblie de jour en jour, à bouts d'expédients, n'était plus en état de se soutenir par elle-même, comme le trésor était vide, il fallut bien prêter l'oreille à cette grande voix de l'opinion ; il fallut enfin s'apercevoir qu'il y avait une nation et compter avec elle.

C'est dans cette circonstance que les États-Généraux furent convoqués. Le Tiers-État, qui formait l'immense majorité de la nation, y avait, comme il était juste, la pluralité des voix. Ses représentants étaient les membres de cette bourgeoisie éclairée qui ne relevait que d'elle-même, qui ne devait rien de son prestige et de sa force à la faveur ni au privilège. Les noms de ces hommes sont dans toutes les bouches. Honneur à eux! Ils ont fait la Révolution, ils en ont la glorieuse responsabilité devant l'histoire.

Les esprits légers de la cour pensaient que les États allaient voter les subsides, et qu'ensuite il n'y aurait plus qu'à les dissoudre ; mais les plus clairvoyants comprenaient bien qu'il s'agissait maintenant de toute autre chose. Les députés apportaient avec eux les fameux cahiers de 89, rédigés au nom de six millions d'électeurs et qui étaient l'expression des volontés de la France nouvelle.

Chose admirable ! Dans tous ces cahiers, dépositaires des vœux et des doléances de la nation, qu'ils viennent de l'est ou de l'ouest, du nord ou du midi, ce sont partout, à quelques détails près, les mêmes vues, les mêmes mesures d'État réclamées ou exigées ; c'est partout, enfin, le même idéal d'une société nouvelle qui apparaît et qui s'impose. Manifestation grandiose ! Touchante unanimité qui promettait la révolution la plus pacifique que le monde ait jamais vue, si des résistances insensées n'étaient venues faire obstacle à son cours et changer un fleuve paisible en un torrent furieux et sans frein. Mais quelles que soient les difficultés à vaincre, l'œuvre s'accomplira dans la douleur sinon dans la joie ; et après quelques années d'épreuves, souvent cruelles, une nation nouvelle paraîtra au jour, la Révolution aura fait des hommes libres et des citoyens !

Que de grandes choses accomplies, messieurs, en ces années aussi fécondes que des siècles ! La déclaration des Droits de l'homme et du citoyen, votée le 26 août 1789, est comme le programme, écrit en style lapidaire des travaux de nos grandes Assemblées. La Constituante nous donne l'égalité religieuse par la liberté des cultes ; l'égalité dans la famille par la suppression du droit d'aînesse ; l'égalité civile par l'abolition des classes et des privilèges, par le règne équitable et l'autorité souveraine de la loi. Sur ces grands principes, qui seront les fortes assises de la société nouvelle, elle fonde la liberté individuelle, la liberté de conscience, la liberté de penser et d'écrire, le droit de réunion, la liberté du travail et la garantie de la propriété. Elle établit la souveraineté de la nation ; elle substitue par la conscription une armée nationale à l'armée du roi ; elle institue la justice française une et invariable ; elle organise l'ordre dans les finances et crée le grand-livre de la dette publique ; enfin, elle affranchit à jamais le cultivateur de la terre en lui donnant la propriété du sol fécondé par ses bras.

Le paysan, travailleur sacré, nourricier des nations, en quel pays est-il plus libre que chez nous ? Ah ! qu'il a bien justifié, l'admirable paysan français, le grand acte d'émancipation qui lui a rendu ses droits d'homme et de citoyen ! Sobre, patient, économe, gardien fidèle des vertus modestes et silencieuses qui sont la force des peuples, infatigable au travail, admirable sur les champs de bataille, n'est-il pas vraiment la nation elle-même ? La bourgeoisie se recrute chaque jour dans ses rangs et ses meilleures qualités sont celles qu'elle a su garder de cette origine. L'épargne lentement accumulée du paysan est la réserve inépuisable et sans cesse renouvelée de la fortune française; cette race puissante et vivace est comme le sol fécond où germent incessamment et d'où s'élèvent à la lumière les grands esprits et les âmes d'élite qui sont la fleur, l'ornement et la gloire de la patrie!

Tel est, messieurs, dans ses traits essentiels, l'aspect de la France au sortir de la Révolution. Qui la reconnaîtrait? Quelle métamorphose a fait succéder l'ordre au chaos, la loi au bon plaisir, la justice au privilège. Eh bien! cette France nouvelle que le dix-neuvième siècle a reçue comme l'héritage du siècle précédent, qu'en a-t-il fait? Ce noble patrimoine de liberté, d'égalité et de justice, qu'est-il devenu entre nos mains? C'est aujourd'hui qu'il convient de nous le demander.

Messieurs, ce siècle a vu bien des orages, et la grande lumière des temps nouveaux a paru, plus d'une fois, prête à s'éclipser. Mais telle est la force de la vérité et de la raison, qu'une fois qu'elles ont lui sur le monde, il n'est point de tempête qui puisse les submerger pour toujours. Nous avons vu la monarchie, renaissant sous des formes diverses, obligée de reconnaître les principes de la Révolution et de rendre hommage aux libertés publiques, dans le même temps qu'elle songeait à les proscrire; puis nous avons vu les mêmes libertés sortir victorieuses de la tourmente. Elles sont restées, à travers tous les hasards, le patrimoine de la société française moderne.

La République de 1848 a noblement continué l'œuvre de 89 en donnant à la nation le suffrage universel qui la rend maîtresse de ses destinées.

La troisième République, née dans le deuil et dans les larmes, a eu pour premier devoir de réparer les maux dont elle était sortie; et avec elle la Révolution a repris sa marche pacifique. La liberté coulant à pleins bords, la reconstitution de nos forces nationales devenue la principale affaire de l'Etat, tandis que la seconde était l'enseignement populaire. Des travaux immenses entrepris sur toute l'étendue du territoire pour faciliter les déplacements et les transports, un essor prodigieux donné aux arts, au commerce, à l'agriculture et à l'industrie; la France laborieuse, devenue la vraie France; et le travail des mains devenu aussi indépendant, aussi fortement protégé, aussi honoré que celui de la pensée : voilà, messieurs, le spectacle que la République française s'apprête à offrir dès demain aux regards du monde. Tous les efforts, toutes les découvertes, tous les progrès, tout le travail et toute la pensée du siècle qui s'achève vont paraître et s'étaler dans le palais des merveilles; qui pourra contester que l'incomparable grandeur de ce siècle, le plus étonnant peut-être de notre histoire, ne soit le fruit de la Révolution d'où il est sorti?

Ainsi, après cent ans écoulés, l'esprit de 89 a de nouveau soufflé sur la France, et c'est la République qui vient ici saluer le retour de cette mémorable journée! C'est le petit-fils du grand Carnot qui vient, avec le prestige d'un nom illustre et avec l'autorité de la fonction suprême, sceller de ses mains pures et loyales la pierre commémorative de la Révolution naissante en attendant l'exécution du monument national voté par le Parlement en 1879.

Messieurs, au milieu des grands souvenirs qui se pressent de toutes parts sous nos yeux, dans ces lieux témoins de scènes imposantes qui marquèrent les premiers jours de la Révolution, nous devons reconnaître que l'œuvre de 89 n'est pas terminée. Le sera-t-elle jamais? A mesure que les sociétés s'avancent dans la voie du progrès, l'horizon recule devant elles et un nouvel idéal se lève chaque jour devant celui que l'on se félicitait d'avoir atteint. Nous avons encore de grandes tâches à remplir, et nous en laisserons d'autres à ceux qui viendront après nous. Nous avons à veiller incessamment sur la liberté, le premier des biens, puisqu'il est la condition de tous les autres; nous avons à poursuivre les réformes sociales entrevues par nos pères, et dont la réalisation demande tous nos efforts, mais aussi toute notre patience et le concours du temps. Il en est des révolutions politiques comme de celles de la nature, lentes et progressives, elles produisent des effets sûrs et durables; précipitées et violentes, elles font souvent payer leurs bienfaits par des convulsions et des catastrophes.

Pour être à la hauteur de ces grands devoirs, ce n'est certes ni le patriotisme, ni l'ardeur qui pourrait nous manquer. Mais rien n'est plus nécessaire peut-être que la concorde, que l'union des âmes et des volontés. Sommes-nous résolus, comme ceux qui prêtèrent, à quelques pas d'ici, le grand serment du Jeu de Paume, à rester unis dans l'amour de la Patrie et de la Liberté, à donner, chacun dans la mesure de nos forces, le concours le plus désintéressé à la tâche commune, à sacrifier à la paix sociale et au bien public nos vues particulières, nos impatiences même les plus généreuses, nos ambitions et nos intérêts, à ne former enfin qu'un parti : celui de la République et de la grandeur nationale?

S'il en est ainsi, mes chers concitoyens, nous ne pouvons que bien augurer de l'avenir. La République française poursuivra sa carrière dans la paix et dans la gloire; et la postérité dira peut-être que les grands Français de 1789 n'ont pas eu en nous des héritiers trop indignes d'eux!

PROGRAMME

DU

CONCERT DANS LA GALERIE DES GLACES

(Extrait du *Journal officiel* du 6 mai 1889).

M. Carnot s'est rendu au palais; il a traversé la galerie des Glaces remplie par les invités, pendant que l'orchestre et les chœurs du Conservatoire exécutaient *la Marseillaise*. . . . .

. . . .

A la fin de la réception dans la galerie des Glaces, l'orchestre et les chœurs du Conservatoire ont exécuté deux morceaux de *la Muette de Portici* et d'*Hamlet*. . . . .

DISCOURS

DU

PRÉSIDENT DE LA RÉPUBLIQUE

Messieurs,

C'est avec une émotion profonde, c'est le cœur pénétré de gratitude envers nos ancêtres et rempli d'une ardente espérance en l'avenir, que je salue, comme premier magistrat de la République, dans ce palais élevé par l'ancienne monarchie, les représentants de la nation française, en pleine possession d'elle-même, maîtresse de ses destinées et dans tout l'éclat de sa force et de sa liberté.

Notre première pensée, dans cette réunion solennelle, doit s'élever vers nos pères, vers cette immortelle génération de 1789, fille du dix-huitième siècle qui, à force de courage et de persévérance, au prix de tant d'efforts et de sacrifices, nous a conquis les biens dont nous jouissons et dont nous transmettrons à nos fils le précieux héritage. Jamais notre reconnaissance, jamais celle de notre postérité n'égalera la grandeur des services rendus par nos pères à la France et au genre humain.

D'illustres penseurs avaient proclamé les principes de justice, d'égalité et d'indépendance qui contenaient en germe la Révolution française. Nos pères assumèrent la tâche héroïque de faire de ces principes la base même de la société, et de fonder un régime nouveau sur la raison et sur la justice.

Gloire à eux! Gloire à ces généreux lutteurs! Ils surent affronter tous les périls, supporter toutes les épreuves pour laisser à leurs descendants un précieux patrimoine, qui n'est le monopole d'aucun parti, dont tous les Français peuvent revendiquer leur part, et qui est devenu le domaine commun du monde civilisé!

Le 5 mai 1789, les Etats-Généraux, convoqués à Versailles pour la première fois depuis cent soixante-quinze ans, étaient invités à pourvoir aux besoins financiers de la monarchie française.

Mais telle n'était pas la mission que le pays leur avait confiée. La résistance aveugle des privilégiés, paralysant les meilleures intentions de la royauté et les efforts éclairés d'un grand ministre, avait fait échouer toutes les tentatives de réformes. L'heure de la Révolution avait sonné.

On le vit bien, dès la réunion de ces élus de la nation qui, écartant les anciennes appellations, se déclarèrent *membres de l'Assemblée nationale* et jurèrent de ne se séparer qu'en laissant à la France une Constitution de ses droits et de ses libertés.

Le pays lui-même avait dressé le programme de leurs travaux.

Il est, tout entier, inscrit dans ces cahiers approuvés par six millions d'électeurs, où la modération du langage fait ressortir la force et l'élévation de la pensée, où l'on voit apparaître cette belle devise de « Liberté, Égalité, Fraternité » qui est devenue celle de la République, et dont la surprenante unanimité atteste à la fois la clairvoyance et l'unité morale du peuple français en dépit de la division des provinces.

Plus de provinces, disait-on déjà, la Patrie !

Faire une nation forte, unie, respectée, vivante et libre, en abaissant les barrières qui découpent le territoire de l'ancienne France, en supprimant des privilèges incommodes et blessants ; assurer à cette nation un droit uniforme, un gouvernement représentatif exercé au nom de tous et contrôlé par les élus du peuple ; fonder l'égalité devant la loi, garantir la liberté individuelle et l'indépendance des opinions religieuses et politiques, et effacer toutes les traces de la féodalité et du servage. Ainsi se résument les principes de 89 épars dans les cahiers et coordonnés dans la Déclaration des droits de l'homme. Tâche grandiose, devant laquelle nos pères n'ont pas reculé et qu'ils ont su accomplir avec une admirable persévérance, sans se laisser ébranler par les plus redoutables obstacles !

Condamnée à soutenir contre l'ancien monde une lutte gigantesque, la France a traversé des temps douloureux, où tous les partis ont successivement cédé à des entraînements à jamais regrettables. Elle n'a pas dévié de la voie qui, dès la première heure, lui fut tracée par les hommes de 89 : Constituante, Législative, Convention, autant d'étapes, autant de relais sur la route du progrès ; Constitutionnels, Girondins, Montagnards, tous architectes du même édifice qui s'est achevé à travers les régimes successifs et qui abrite aujourd'hui tous les Français sans distinction d'opinions ni de partis.

Du même cœur, avec la même reconnaissance, nous devons tous nous retourner vers ceux qui, il y a cent ans, ont gravé dans les institutions de notre pays l'égalité des citoyens devant la loi et des enfants devant l'héritage, l'abolition des privilèges, et le droit pour tous les Français d'accéder aux emplois publics et aux grades de l'armée, la liberté du travail, l'équitable répartition de l'impôt annuellement consenti, l'indépendance de la pensée, la liberté des opinions religieuses et la souveraineté de la nation d'où émane toute autorité légitime.

Ces grands ancêtres ont fait notre France d'aujourd'hui, celle que nourrissent nos laborieux agriculteurs devenus inviolables dans la propriété du sol qu'ils cultivent, celle qu'enrichissent nos industriels, nos commerçants, nos ouvriers, délivrés des entraves des corporations et des jurandes, celle qu'illustrent nos écrivains et nos artistes, celle que nos braves soldats défendent et qui est pour tous ses fils, de près comme de loin, aux heures d'adversité comme aux jours de triomphe, l'objet d'un amour sans bornes et d'une indéfectible espérance.

La Révolution, dont nous célébrons l'aurore, a fait éclore en un jour les germes féconds accumulés par un labeur dix fois séculaire et échauffés par le souffle des grands penseurs du dix-septième et du dix-huitième siècle.

Elle a ouvert une ère nouvelle dans l'histoire, elle a fondé la société moderne sur d'immuables assises ; elle a créé la France démocratique, inébranlable dans son attachement aux principes de 89 à travers les régimes politiques qu'elle a vus se succéder depuis un siècle.

Il était réservé à notre génération de donner à cette démocratie son gouvernement nécessaire, une organisation politique assurant à la nation l'exercice de la souveraineté qui réside en elle, offrant à la liberté, à l'ordre et au progrès les garanties qui sont la condition première du travail et de la paix. La fondation de cette République est le couronnement de l'œuvre impérissable qui a été commencée ici il y a un siècle. Elle est le but que devait atteindre, après bien des secousses, après de cruelles épreuves qui lui laissent une inconsolable douleur, cette généreuse nation française, si passionnée pour l'égalité, et si jalouse de ses libertés.

Elle a définitivement rompu avec le pouvoir personnel d'un homme, quelque titre qu'il prenne, et ne reconnaît plus d'autre souverain que la loi délibérée par les élus du peuple dans leur pleine indépendance.

Telle est, Messieurs, l'œuvre d'un siècle, le résultat acquis par cent années de travail politique, de réflexion et d'expérience.

Qu'il nous soit permis, en ces lieux même où nos glorieux ancêtres ont apporté les premières revendications de la France, d'élever vers eux nos cœurs reconnaissants, de mesurer du regard le chemin parcouru, de comparer la patrie à cent ans de distance, de montrer ce qu'ont pu réaliser les efforts d'un grand peuple armé des vivifiants principes dont 89 a éclairé le monde !

J'en appelle à vous tous, Français de 1889, à vous, représentants de la nation, à qui le suffrage universel a confié la haute mission de faire les lois du pays ! A vous, grands corps de l'État français, qui avez la charge d'appliquer ces lois, d'assurer le respect de nos institutions, de garantir les droits et la liberté de tous ! A vous, officiers et soldats de l'armée nationale, qui portez si haut le sentiment de vos devoirs et ce respect de la discipline qui fait la force de la patrie ! A vous, chers élèves de nos grandes écoles, filles de la Révolution, à vous, l'élite de notre jeunesse ! A vous, généreux initiateurs de toutes les œuvres de prévoyance et de bienfaisance qui sont nées de la liberté de la pensée et des confessions ! A vous, écrivains et artistes ! A vous, travailleurs de tout ordre, qui nous montrerez demain les merveilles enfantées par l'esprit fécondant de 1789 ! A vous tous, je fais ici un appel qui sera entendu de votre patriotisme.

Ce que nous sommes, nous le devons à ceux que nous venons glorifier aujourd'hui. Ils nous ont laissé d'admirables exemples dont nous devons savoir nous inspirer. Soyons prêts à parfaire leur œuvre ; sachons retrouver les élans généreux de cette grande époque, nous élever au-dessus des mesquines passions, des querelles de partis, des divisions d'école.

Sous l'égide de la République, qui est le droit constitutionnel, cherchons dans l'esprit d'apaisement, de tolérance mutuelle, de concorde, cette force irrésistible des peuples unis !

Le siècle glorieux, que nous célébrons dans cette pieuse et grandiose cérémonie, doit être couronné par la réconciliation de tous les Français dans la commune passion du bien public, au nom de la liberté, au nom de la patrie.

Et la France aura toujours son rang à l'avant-garde des nations.

Honneur à nos pères de 1789 !

Vive la France !

Vive la République !

DISCOURS DU PRÉSIDENT DU SÉNAT

Monsieur le Président de la République,
Messieurs,

Ce ne sont plus d'humbles députés du Tiers, à qui l'on conteste même le droit de se tenir debout, venant supplier un maître, ce sont les représentants librement élus de la nation s'inclinant devant un chef d'État d'autant plus respecté qu'il est, lui aussi, un élu, et unis à lui dans un solennel hommage aux grands morts auxquels nous devons cette liberté, dont jouissent aujourd'hui jusqu'à ses détracteurs.

Il semble, à certaines heures de lassitude et d'épreuve, que la conscience de l'œuvre de 1789 se soit obscurcie ; on a médit de la Révolution, l'histoire a prétendu la rabaisser, la politique a élevé des doutes sur ses principes ; une jeunesse oublieuse se plaint d'être troublée dans sa tranquillité par les derniers tressaillements de cette convulsion à laquelle n'a échappé aucun empire ; une sorte de défaillance s'est insinuée dans les cœurs pour juger de l'époque héroïque.

Il appartient aux vieux lutteurs, si nombreux dans cette enceinte, à ceux qui ont plus longtemps et plus profondément souffert pour la liberté que ses blasphémateurs actuels, à ceux qui ont su lui sacrifier leurs intérêts les plus chers, il appartient à ceux-là d'affirmer leur foi inébranlable contre ce scepticisme énervant ; à eux de rappeler que la Révolution nous a légué, non seulement des doctrines, mais des leçons de virilité, de confiance dans l'avenir de la patrie, d'inépuisable énergie et de désintéressement qui sont notre honneur et notre force.

On se décourage ! on s'étonne que la Révolution ne soit pas encore close ! Mais deux siècles de persécutions, pour la plupart sanglantes, impitoyables, se sont écoulés avant que la liberté de conscience soit sortie incontestée de la Réforme. Et l'on veut que la liberté politique, la souveraineté nationale soient déjà hors d'atteinte. Au lieu de manifester tant d'impatience, songeons plutôt à mériter les fruits que nous voulons cueillir ; élevons-nous au niveau des hommes qui nous ont ouvert la voie ;

puisons dans leur exemple, si nous ne le trouvons pas en nous-mêmes, l'intention de volonté, le culte de l'idéal, l'amour du bien public, qui seuls ont fait nos ancêtres vainqueurs dans les plus redoutables luttes que l'histoire ait enregistrées.

Cette éducation de la France nouvelle, bien des causes l'ont entravée depuis un siècle, bien des temps d'arrêt sont survenus dans la pratique de la liberté. Tantôt les préjugés, les intérêts des classes se liguaient pour arrêter l'essor de la démocratie ; tantôt l'affolement, résultat inévitable d'un souci trop prolongé de la défense nationale, précipitait la France aux pieds d'une dictature militaire. Exploitant le mécontentement des uns, le patriotisme exaspéré des autres, des ambitieux ont travesti la souveraineté nationale ; ils ont escamoté à leur profit tout ce que le principe renferme de fécond et de généreux ; ils ont cherché dans des votes d'abdication la source d'un pouvoir toujours éphémère, mais suffisant en somme pour retarder, sinon pour compromettre, le progrès de l'esprit public. Le réveil parfois se faisait longtemps attendre, et pendant ces sombres périodes d'affaissement, c'est à peine si l'on entendait le lointain écho des voix puissantes de la Révolution.

Mais bientôt une génération nouvelle surgissait qui, par un nouvel effort, reprenait l'œuvre interrompue, brisait ses entraves, ressaisissait les instruments tombés des mains défaillantes de ses pères et plantait un peu plus loin et un peu plus haut le drapeau de la liberté.

A chaque étape, une conquête s'ajoutait aux précédentes, jusqu'au moment où, déçue par les uns, trahie par d'autres, la France s'est donné la République.

La République ! formule suprême de la souveraineté nationale, dernier terme de l'évolution commencée en 1789, lorsque la nation proclamait que « la loi doit être l'expression de la volonté générale » et que, « pour être convaincu de la nécessité d'obéir, le peuple doit avoir senti l'utilité du précepte ». La République, c'est-à-dire un gouvernement ouvert à toutes les opinions professées par la majorité des citoyens, accessible à toutes les initiatives, fondé sur la libre discussion et trouvant dans sa souplesse même les éléments de sa stabilité et de ses progrès.

Mais, hélas ! à chaque pas franchi, une fraction des soldats demeurent en arrière ; l'armée, si compacte naguère, allait s'égrenant sans cesse ; chacun des régimes disparus se survivait à lui-même dans l'esprit de quelques adhérents fidèles ; et de ce noble élan où la France de 1789 avait été unanimement entraînée, il n'apparaissait, il n'apparaît encore que les divisions créées par ces crises répétées. Lorsque, en 1871, le libérateur du territoire voulut appeler tous les Français à la réconciliation sur le terrain du relèvement de la patrie mutilée, lorsqu'il les convia à établir le gouvernement de tous par tous, des concours précieux lui furent refusés, des hommes connus jadis par leur libéralisme s'excommunièrent eux-mêmes de la liberté qu'on leur prodiguait sans réserves, pour aller grossir les rangs des mécontents dont l'opposition arrête notre marche, sans offrir à la France d'autre remède à ses maux qu'une nouvelle révolution succédant à tant d'autres.

La faute n'en est pas à l'Assemblée constituante, elle est dans la faiblesse de ceux qui ont recueilli son héritage. Elle n'est pas dans la liberté, qui s'acclimate en France à la faveur de nos dissensions même. Elle est, soit dans les frénésies qui se couvrent de son nom, soit dans la conception trop étroite que s'en forment les timorés. La Révolution a pu pécher par l'audace excessive de ses rêves, par la crédulité juvénile avec laquelle elle comptait sur un texte de loi pour opérer la réforme immédiate des esprits et des mœurs, nous péchons, nous, par manque d'abnégation, par notion incomplète de nos devoirs, par les hésitations de notre volonté. Elle s'est peut-être enlevée trop haut ; nous, nous traînons trop bas.

Il ne suffit pas, en effet, d'attendre l'heure du péril extérieur pour assurer la défense de la patrie. Si cette défense veut être efficace, elle doit être préparée de longue main. A côté des engins de destruction entassés dans les arsenaux, il y faut l'union des cœurs dans l'amour, non pas seulement du sol, mais des institutions et du génie national, il y faut l'unité du patrimoine moral.

C'est à réaliser une telle unité que la date de 1789 nous convie. C'est une tâche qui spécialement vous incombe, Monsieur le Président. Vous seul êtes assez haut placé pour que votre voix soit entendue de tous, pour que vos conseils acheminent les Français, par des concessions ou des sacrifices mutuels, vers ce concert d'efforts qui nous a affranchis il y a un siècle, et qui nous permettra d'accomplir l'œuvre nationale dont nos glorieux ancêtres ont jeté les assises.

DISCOURS

DU

PRÉSIDENT DE LA CHAMBRE

MONSIEUR LE PRÉSIDENT,
MESSIEURS,

Je viens, au nom de la Chambre des Députés, m'associer à l'imposante manifestation de reconnaissance nationale qui nous réunit tous dans le même élan de patriotisme et qui fait en ce moment battre les cœurs jusque dans les dernières chaumières de France.

Qui pourrait mieux comprendre la grandeur d'une telle solennité que les élus du suffrage universel ? Ne sont-ils pas ici la proclamation vivante et éclatante du droit de la Révolution ? Comment ne se sentiraient-ils pas profondément remués par les souvenirs qui les assiègent en foule dans un pareil jour et par les réflexions qui les étreignent quand ils reportent leur pensée sur ces deux dates : 1789 et 1889 ?

Elle va d'abord, par l'instinct du cœur, à ces intrépides Députés du Tiers, dont nous sommes les héritiers directs, et auxquels nous devons tout ce que nous sommes. Qui de nous ne les revoyait tout à l'heure, dans le lointain de l'histoire, traversant les rues de Versailles au milieu du brillant cortège de la noblesse, effacés dans leur humble costume, mais révélant déjà à tous les yeux, par la fermeté de leur attitude, l'inébranlable résolution d'accomplir à tout prix la grande mission qu'ils avaient acceptée.

Qu'étaient-ils alors ? rien ; rien que de simples conseillers de la couronne, sans mandat défini, sans droits, sans autorité ! Et voilà qu'aujourd'hui, grâce à leur indomptable énergie, ce sont les représentants de la souveraineté nationale dans toute sa puissance qui viennent de faire leur entrée triomphale dans la ville du grand roi, et il se trouve, par une heureuse fortune, que le chef du gouvernement qui tient si dignement le drapeau de la France porte un des noms les plus honorés et les plus glorieux de la Révolution ! un nom qui rappelle trois générations de grands citoyens et de républicains sans tache !

La souveraineté nationale ! voilà, Messieurs, le mot magique, la grande formule de la Révolution. C'est elle qui a servi de ralliement à tous les partis ; c'est devant elle qu'ont dû s'incliner les adversaires les plus résolus du nouvel ordre de choses.

Ce sera l'éternel honneur des grands penseurs de l'Assemblée Constituante d'avoir, dès le premier jour, dégagé et proclamé un principe indiscutable qui contenait en germe toutes les réformes de l'avenir. Il apparut dans sa simplicité avec une telle évidence qu'il fut mis presque de suite hors de contestation ; le Serment du Jeu-de-Paume et la Nuit du 4 août n'en ont été que l'irrésistible affirmation.

Telle est la première et grande conquête de la Révolution, celle qu'on peut considérer comme définitive et qu'aucune réaction ne saurait plus sérieusement mettre en péril.

Est-ce à dire pour cela, Messieurs, que l'œuvre de la Révolution soit accomplie et qu'elle n'ait plus rien à craindre des retours offensifs de l'ancien régime ? Ce serait une illusion dangereuse de le croire, une illusion contre laquelle il importe plus que jamais de tenir le pays en garde.

Sans doute personne n'ose plus s'attaquer directement et ouvertement aux principes de la Révolution qui règlent notre ordre social, et c'est en ce sens que tout le monde ou presque tout le monde peut se proclamer avec fierté fils de 89. Quel est donc le partisan de l'ancien régime qui voudrait essayer aujourd'hui de remettre en question l'égalité des citoyens devant l'impôt, l'admission de tous aux emplois, l'uniformité de la justice, la liberté du travail et même la liberté des cultes ? Ce serait folie de tenter un pareil retour en arrière et personne n'y peut songer.

La résistance, la véritable résistance, ne se continue plus que sur un seul point, mais sur un point fondamental, la liberté politique, c'est-à-dire le droit pour la nation non seulement de choisir son gouvernement, mais encore et surtout celui d'en rester maîtresse, en faisant surveiller et diriger ses affaires par des mandataires de son choix et investis de sa confiance.

Il faut le dire bien haut, c'est sur cette grande réforme qui résume et garantit toutes les autres, qu'a porté le principal effort de la Révolution ; elle était tellement dans le droit des peuples, elle s'imposait tellement, qu'elle est aujourd'hui acceptée par la plupart des États de l'Europe où le régime représentatif est désormais la base de toutes les institutions. Par une singulière dérision, elle n'est plus guère contestée que chez nous et c'est contre elle que les adversaires de la Révolution réunissent depuis un siècle toutes leurs forces.

Au droit de la Nation de se gouverner elle-même, ils ne cessent d'opposer les avantages du gouvernement personnel, de quelque nom qu'il s'appelle, monarchie, empire ou consulat. La guerre acharnée qu'on fait au parlementarisme n'a pas d'autre raison d'être ; qui pourrait croire qu'elle n'a pour but que d'améliorer le fonctionnement du régime parlementaire ? Qui ne voit qu'on se propose en réalité de ramener la nation, par un détour habile et sans qu'elle en ait conscience, à un nouvel essai de gouvernement personnel ?

Il est triste, sans doute, et quelque peu humiliant de constater que nous en sommes encore là, un siècle après notre grande Révolution, et cependant le fait n'a rien qui puisse nous surprendre, encore moins nous décourager. Pour avoir droit à la liberté, il faut la mériter ; il ne suffit pas d'en avoir l'amour du cœur, il faut savoir la pratiquer et la défendre. La tâche est longue et difficile. La liberté chez un peuple longtemps asservi est une plante délicate et fragile qui exige de longs soins et une culture perfectionnée ; avant de prendre racine dans le sol, elle est exposée à plus d'une maladie, à plus d'un accident ; mais un jour vient où la vigueur de sa constitution l'emporte et où elle s'épanouit dans toute sa force.

C'est parce que je crois à la force irrésistible de la liberté dans le monde, que je suis pleinement rassuré sur l'issue définitive de ce grand duel engagé depuis des siècles entre les droits de la Nation et le pouvoir d'un seul. Tous les obstacles qu'on leur opposera ne feront que rendre la résistance du pays plus violente sans la vaincre ; ils n'auront d'autre résultat que de le jeter dans des crises douloureuses et de lui faire perdre des forces précieuses dont la Patrie aurait si grand besoin.

Combien il serait à désirer que le parti conservateur comprît enfin cette vérité, et il faudra bien qu'il la comprenne un jour s'il veut reprendre sa place dans la direction des affaires du pays !

Ce jour-là, mais ce jour-là seulement, la grande bataille de la Révolution sera gagnée, et la France, unie et réconciliée, pourra appliquer sa merveilleuse activité aux œuvres de la paix qui sont le triomphe de son génie et qui lui mériteront demain l'admiration du monde entier.

Qu'elle écoute la voix du grand homme d'Etat qui l'a le mieux connue et qui occupe une si grande place dans la fondation de notre troisième République qu'il est impossible de parler d'elle sans parler de lui : j'ai nommé M. Thiers.

Arrivé à la fin de son *Histoire du Consulat et de l'Empire*, de cet impérissable monument élevé par lui à la gloire de son pays bien plus qu'à la gloire d'un homme, M. Thiers laissait échapper, comme le testament de son ardent patriotisme, ces admirables paroles qui devraient être inscrites aujourd'hui en lettres d'or sur nos arcs de triomphe, car elles contiennent toute la philosophie de la Révolution et la leçon de cette grande journée : « Si grand, si sensé, si vaste que soit le génie d'un homme, jamais il ne faut lui livrer complètement les destinées d'un pays... Jamais il ne faut livrer la patrie à un homme, n'importe l'homme, n'importe les circonstances... C'est le dernier cri qui s'échappe de mon cœur, cri sincère que je voudrais faire parvenir au cœur de tous les Français, afin de leur persuader à tous qu'il ne faut jamais aliéner sa liberté. »

DISCOURS DE L'ÉVÊQUE DE VERSAILLES

Nos pères du Clergé de France étaient, il y a cent ans, à l'ouverture des États-Généraux, partageant ce désir de réformes qui s'était alors emparé de la France entière. Ils ne tardèrent pas à en devenir les victimes, mais, même sous l'effort d'une persécution ardente, ils ne cessèrent pas, pour la plupart, de faire preuve d'une abnégation patriotique qui n'eut d'égale que la constance dans leur foi. Nous ne sommes pas ici au même titre, et nous souffrons encore des coups qu'ils ont reçus. Nous n'en gardons pas moins, comme un glorieux héritage, de professer les mêmes généreux sentiments.

Au nom du Clergé de ce diocèse, si laborieux, si renfermé dans la pratique de ses devoirs, je ne crains pas de le dire, nous ne séparons jamais l'Église et la France dans nos affections comme dans nos prières. Nous croyons remplir notre devoir de chrétiens en saluant, avec toute la déférence que commandent nos principes, à son passage parmi nous, le représentant de l'autorité nationale, en le félicitant de tout notre cœur d'avoir échappé à la balle des assassins, et nous sommes heureux que cet hommage s'adresse, dans votre personne, Monsieur le Président, à l'homme qui, par la dignité de son caractère et la correction de son attitude, impose le respect à tous les partis.

RÉPUBLIQUE FRANÇAISE

LIBERTÉ — ÉGALITÉ — FRATERNITÉ

VILLE DE VERSAILLES

FÊTES
DU
CENTENAIRE DE 1789

FÊTES COMMÉMORATIVES
DU
SERMENT DU JEU-DE-PAUME
ET DU
121e Anniversaire de la Naissance du Général Hoche
A VERSAILLES

LES 19, 20 ET 23 JUIN 1889

PROGRAMME

Fête du Mercredi 19 Juin 1889.

CONFÉRENCE SUR LE SERMENT DU JEU-DE-PAUME, à huit heures du soir, au Grand-Théâtre de Versailles, par M. MAZE, sénateur.

CONCERT PATRIOTIQUE avant et après la conférence, par la Société orphéonique et la Société philharmonique de Versailles.

PAVOISEMENT ET ILLUMINATION du Grand-Théâtre.

Fête du Jeudi 20 Juin 1889.

Distribution extraordinaire de Secours aux Indigents.

SALVES D'ARTILLERIE, à neuf heures du matin et à quatre heures du soir.

RÉCEPTION DES MINISTRES, DES MEMBRES DU PARLEMENT, DES AUTORITÉS CIVILES ET MILITAIRES ET DES MAIRES DES CHEFS-LIEUX DE DÉPARTEMENT, à trois heures et demie à l'Hôtel-de-Ville de Versailles.

Formation du cortège et départ pour la salle du Jeu-de-Paume, à quatre heures.

Haie de troupes depuis l'Hôtel-de-Ville jusqu'à la salle du Jeu-de-Paume.

LACHER DE PIGEONS, avenue de Paris devant la Mairie, par la Société colombophile de Versailles.

VISITE SOLENNELLE de la salle du Jeu-de-Paume.

BANQUET de 350 couverts, à six heures, dans la salle des Variétés, rue de la Chancellerie.

SOIRÉE ouverte, à neuf heures du soir, dans les salons et les jardins de l'Hôtel-de-Ville brillamment illuminés.

CONCERT par la musique du 1er régiment du génie pendant la soirée dans les jardins de l'Hôtel-de-Ville.

PAVOISEMENT de l'Hôtel-de-Ville, des avenues sur le parcours du cortège, de la salle du Jeu-de-Paume et de la salle des Variétés.

ILLUMINATION des monuments et édifices publics.

Fête du Dimanche 23 Juin 1889.

SALVES D'ARTILLERIE, à neuf heures du matin.

REVUE DES TROUPES DE LA GARNISON, place d'Armes, et défilé, place Hoche, à dix heures du matin.

CONCOURS DE TIR au stand du Mail.

COURSES DE VÉLOCIPÈDES (Championnat de France), à une heure et demie, avenue de Paris, organisées par le Vélo-Sport de Versailles, sous le patronage de l'Union vélocipédique de France.

CONCERTS : 1° Avenue de Paris, par la fanfare municipale dirigée par M. Fouant, pendant la course de vélocipèdes ; 2° au square Hoche, par la fanfare Fleury, de cinq heures et demie à sept heures du soir.

GRANDES-EAUX dans le Parc, à quatre heures et demie.

FÊTE DE NUIT, à neuf heures et demie du soir, au bassin de Neptune, par la Société des Fêtes versaillaises.

PAVOISEMENT ET ILLUMINATION des monuments et édifices publics, du square Hoche et de la maison, rue Satory, où est né le général Hoche.

Le Maire de Versailles,

ÉDOUARD LEFEBVRE.

VILLE DE VERSAILLES

FÊTES DU CENTENAIRE DE 1789

Salle du Grand-Théâtre, le Mercredi 19 Juin 1889, à 8 heures

CONFÉRENCE PUBLIQUE

Par M. Hippolyte MAZE, Sénateur

SUR LE

SERMENT DU JEU-DE-PAUME

Organisée sous la présidence de M. le Maire de Versailles

par la Bibliothèque populaire

avec le concours de

la Société philharmonique et la Société orphéonique

PROGRAMME

Avant la conférence :

LE CHANT DU DÉPART, par la Société orphéonique, dirigée par M. Paget.

Après la conférence :

OUVERTURE DE LA MUETTE (Auber), par la Société philharmonique dirigée par M. Cousin.

DUO DE LA MUETTE (Auber), par MM. Lepage et Bernaert, accompagnement de la Société philharmonique.

HYMNE FUNÈBRE DE LA MORT DU GÉNÉRAL HOCHE, paroles de *M.-J. Chénier*, musique de *Chérubini*, orchestration de M. Cousin, introduction, orchestre et chœur par les Sociétés orphéonique et philharmonique sous la direction de M. Cousin.

LA MARSEILLAISE (Rouget de l'Isle), chœur Léo Delibes, orchestration M. Cousin, par les Sociétés orphéonique et philharmonique sous la direction de M. Cousin.

ANALYSE

DU

DISCOURS DE M. DE LAFAYETTE [1]

M. de Lafayette est heureux de saluer les représentants de la République venus pour rehausser l'éclat de cette solennité patriotique et de les recevoir dans cette salle à jamais célèbre qui fut le théâtre du plus grave événement de notre Révolution. C'est là que les illustres pionniers de la première heure de 89 ont permis aux citoyens ayant conscience de leurs droits de parler en maîtres à ceux qui prétendaient les traiter en sujets.

M. de Lafayette rappelle les événements qui ont précédé et suivi le serment du Jeu-de-Paume, et dont la conséquence fut d'assurer le règne de l'Assemblée nationale dans toute sa majesté et la plénitude de ses droits.

L'Assemblée de 1789 a laissé une trace lumineuse et féconde : on puise encore à pleines mains dans son œuvre. Il est bon de rappeler les actes et les noms des hommes de 1789 à nos concitoyens, surtout dans le temps actuel, où parfois certains de ceux qui ont le plus profité de la Révolution semblent disposés à en nier ou à en diminuer les bienfaits.

Mais si nous devons nous souvenir du passé, dit en terminant l'orateur, ne négligeons pas le présent. Serrons nos rangs autour du gouvernement de la République et de son Président, dont l'éloge n'est plus à faire, car son nom est gravé dans tous les cœurs. Couvrons de toute notre énergie l'initiative de ceux qui ont la direction des affaires publiques, et si nous marchons avec ensemble, l'avenir montrera l'inanité des projets et des espérances des ennemis implacables de nos institutions.

1. D'après le *Journal de Versailles*.

DISCOURS DE M. THÉVENET

Messieurs,

Le gouvernement de la République tenait à honneur de s'associer à cette fête que la municipalité de Versailles, toujours prête à célébrer les dates glorieuses, a bien voulu organiser.

Dans cette magnifique cité, en effet, tout nous parle de la grandeur de la France et des courageux efforts de nos pères ; tout nous rappelle l'histoire de ces décisives et immortelles journées qui ont vu naître la liberté, et, par une heureuse fortune, le temps semble avoir pris soin de respecter les lieux mêmes auxquels sont attachés de si glorieux souvenirs.

Laissez-moi, messieurs, les évoquer une fois encore ; ils sont pour nous un précieux enseignement.

Le 20 juin 1789, les représentants de la nation, errant sous la pluie, dans les rues de Versailles, poursuivis par les courtisans de la monarchie qui voulaient disperser l'Assemblée nationale, avaient cherché un refuge dans le Jeu-de-Paume. Ils y tinrent séance et firent serment de ne point se séparer avant d'avoir donné une Constitution à la France. Les murs de la salle étaient dénudés ; les représentants du pays n'y avaient pas même trouvé quelques bancs. C'était bien là le berceau de la démocratie. Après tant de souffrances séculaires, le peuple affirmait son avènement en face du palais du grand roi.

Ce grand acte d'émancipation politique et sociale s'est accompli avec une simplicité qui en attestait la sincérité et la grandeur, et il est impossible de lire sans une profonde émotion le récit de cette mémorable journée.

Nos pères, debout, les mains tendues vers l'avenir, mesurant déjà, dans leur enthousiasme, l'œuvre immense qu'ils allaient entreprendre d'un cœur intrépide, saluaient l'aurore d'une France nouvelle et le règne de la justice et de la liberté.

Au dehors, la foule pleine d'anxiété battait les murs de cette enceinte, confiante dans l'énergie et dans le patriotisme de ses élus.

Journée pacifique et féconde ! et telle était la force irrésistible de cet élan de tout un peuple que les mesquines intrigues, les combinaisons de palais qui s'agitent et se nouent autour de la royauté, devront échouer misérablement. La force elle-même ne pourra rien contre les idées nouvelles que l'Assemblée constituante a consacrées.

Michelet, l'illustre historien de cette grande époque, se demandait avec tristesse si ces solennelles promesses avaient toutes été tenues, et il écrivait ces lignes :

« Nous aussi, nous l'avons revu, en 1846, ce témoin de la liberté, ce lieu dont l'écho répéta sa première parole, qui reçut, qui garde encore son mémorable serment... Mais que pouvions-nous lui dire? Quelles nouvelles lui donner du monde qu'il enfanta?... Ah! le temps n'a pas marché vite, les générations se sont succédé, l'œuvre n'a guère avancé... Quand nous posâmes le pied sur ces dalles vénérables, la honte nous vint au cœur de ce que nous sommes, du peu que nous avons fait; nous nous sentîmes indignés et sortîmes de ce lieu sacré. »

Il y a trente ans que ces lignes pleines d'une douloureuse amertume étaient écrites. — Hélas! le césarisme devait encore une fois ajourner ces réformes sociales et politiques et l'exécution du vaste programme de 1789!

La troisième République, il faut le dire avec fierté, a repris l'œuvre commencée et ne l'abandonnera plus. Ai-je besoin de rappeler les progrès accomplis? Le relèvement de la patrie, l'instruction populaire, l'assistance publique, cette large expansion de tous les progrès : voilà le bilan de nos Assemblées parlementaires tant décriées et qui n'en resteront pas moins les gardiennes vigilantes et nécessaires des libertés publiques.

Est-ce à dire que tout ait été fait? Non, certes. La République est le gouvernement du progrès incessant; elle doit être, comme le disait un de nos grands orateurs, aussi éloignée des changements précipités que de la routine obstinée.

Oui, nous pouvons le proclamer, la République seule peut donner les libertés que nos pères de 1789 avaient rêvées pour notre chère patrie!

Et dans cette salle où nous a ramenés le Centenaire de la Révolution, nous devrions faire un nouveau serment d'union et de concorde.

A ceux qui veulent détruire l'œuvre de ce siècle et par d'hypocrites entreprises mettre la main sur cette liberté si chèrement conquise, montrons-nous debout, nous aussi, les mains tendues vers l'avenir, résolus à ne jamais laisser ébranler l'œuvre de notre immortelle Révolution.

Spécimen des Cartes d'invitation

RÉPUBLIQUE FRANÇAISE

SERMENT
DU
JEU DE PAUME

121e ANNIVERSAIRE
DE LA
Naissance du Général HOCHE

JEUDI 20 JUIN 1889

A 6 HEURES TRÈS PRÉCISES

BANQUET

SALLE DES VARIÉTÉS, RUE DE LA CHANCELLERIE

Monsieur .... *PRIX :* 12 FRANCS

Cette carte est rigoureusement personnelle et devra être présentée à l'entrée

---

1789-1889

Le Maire, les Adjoints, le Conseil municipal de Versailles, et la Commission d'organisation des fêtes du Centenaire, ont l'honneur de prier Monsieur ....

....

de vouloir bien assister au Banquet qui sera donné en commémoration du Serment du Jeu de Paume et du 121e anniversaire de la naissance du Général Hoche, dans la Salle des Variétés à Versailles, le 20 Juin, à six heures précises du soir.

ANALYSE

DU

DISCOURS DE M. SPULLER[1]

M. Spuller a remercié d'abord M. le Maire de Versailles d'avoir porté la santé de M. Carnot en termes si justement élogieux, avec une sincérité et une chaleur qui sont allées au cœur de tous les auditeurs. M. Carnot, a dit M. le Ministre des Affaires étrangères, par sa droiture, sa fermeté, par sa parfaite bonne grâce, est bien le chef qu'une démocratie comme la nôtre doit s'honorer d'avoir mis à sa tête. (*Vifs applaudissements.*)

M. Spuller a dit ensuite que le spectacle merveilleux des fêtes données en ce moment par la France républicaine est la meilleure réponse, la réponse victorieuse que l'on peut faire aux détracteurs de la Révolution française, d'où est sorti tout le développement intellectuel, industriel et artistique du pays. N'est-il pas touchant de voir assister à ces fêtes les descendants même des grandes familles françaises qui aidèrent puissamment au mouvement libérateur? N'éprouve-t-on pas une émotion profonde en entendant dans la salle du Jeu-de-Paume la voix d'un Lafayette défendant encore nos libertés à la place même où son aïeul les revendiquait? Et, à côté de ces Français de vieille souche, on aperçoit les fils de parvenus, les humbles citoyens qui se sont élevés aux plus hautes situations, par la dignité de leur vie et leur travail. M. Spuller se vante hautement d'être, avec ses amis, l'un de ces « parvenus », et c'est à ce titre, c'est comme un enfant du peuple, sorti des entrailles mêmes de la nation, qu'il veut louer la grande œuvre de la Révolution qui a convié tous ses enfants à prendre en mains les destinées de la patrie. (*Applaudissements répétés.*)

M. Spuller développe alors, avec une éloquence entraînante, cette idée que la France entière a fait la Révolution sans distinction de classe et

1. D'après la *République française.*

parti : l'amour de la liberté enflammait tous les cœurs, et c'est lui qui a été, pendant ce siècle, le bon génie national. La France n'a jamais cessé d'avoir les yeux sur la Révolution : ce qu'elle voulait, en 1789, c'est un gouvernement libre et une société juste. Elle a toujours poursuivi cet idéal, et lorsqu'elle a été trompée par des aventuriers, la raison en était que ces aventuriers mêmes se réclamaient de nos ancêtres de la sublime époque, de leurs principes et de leur foi. Tous les hommes politiques dignes de ce nom, qui aimaient leur pays sont, sous tous les régimes, restés fidèles à la tradition révolutionnaire. M. Thiers a vécu et est mort sans perdre de vue les cahiers de 1789 ; il était, lui aussi, un fils de parvenu, et il ne pouvait abandonner le devoir que lui traçaient ses origines... (*Applaudissements.*)

Puis, plus récemment, — s'est écrié M. Spuller en se tournant vers M. Léon Say, — n'avons-nous pas vu le centre gauche repousser les offres des partis monarchiques ! Ce jour-là, le centre gauche, avec l'esprit de 1789, a sauvé la République. (*Mouvement prolongé.*)

Nous devons, a continué l'orateur, persévérer dans cette tâche et prendre pour devise ces mots : l'ordre, le progrès, la solidarité, la justice, dont s'inspiraient nos pères. Nous y joindrons aussi des sentiments d'union et de concorde ; nous ne pouvons rien faire, les uns et les autres, sans nous soutenir et nous entr'aider ; ayons toujours les yeux fixés sur les résultats magnifiques que nous devons à notre émancipation politique et sociale. Serrons nos rangs devant l'ennemi qui se montre ; nous n'avons pas lutté pendant cent ans pour tomber aux mains d'on ne sait quel aventurier.

Il faut répéter aux populations que le gouvernement de la République est bien un gouvernement, qu'il veut assurer la liberté à tous, mais aussi conserver au pays les précieuses conquêtes qu'il a faites, grâce à l'esprit de 1789 perpétué de génération en génération. « Je bois, a dit en terminant M. Spuller, à l'esprit de 1789, à la République !... » (*Triple salve d'applaudissements.*)

RÉPUBLIQUE FRANÇAISE

LIBERTÉ, ÉGALITÉ, FRATERNITÉ

VILLE DE VERSAILLES

FÊTES DU CENTENAIRE DE 1789

FÊTES COMMÉMORATIVES

DE

L'ABANDON DES PRIVILÈGES

(NUIT DU 4 AOUT 1789)

A VERSAILLES

LES 3 ET 4 AOUT 1889

PROGRAMME

Fête du Samedi 3 Août 1889.

CONFÉRENCE SUR L'ABANDON DES PRIVILÈGES, à huit heures du soir, salle des Variétés à Versailles, par M. JOURNAULT, sénateur.

CONCERT PATRIOTIQUE, avant et après la conférence, par la Société orphéonique et la Société philharmonique de Versailles, avec le concours de Mme SEGOND-WEBER.

PAVOISEMENT ET ILLUMINATION de la salle des Variétés.

Fête du Dimanche 4 Août 1889.

Distribution extraordinaire de Secours aux Indigents.

SALVES D'ARTILLERIE, à huit heures du matin.

CONCOURS NATIONAL DE GYMNASTIQUE, D'EXERCICES MILITAIRES ET DE TIR organisé par la Société de gymnastique de Versailles, sous le patronage de la municipalité.

CINQUIÈME CONCOURS DE L'ASSOCIATION RÉGIONALE DE SEINE-ET-OISE, SEINE-ET-MARNE, OISE.

RÉUNION DES SOCIÉTÉS, à 2 heures après midi, boulevard de la Reine.

DÉFILÉ des Sociétés, à 2 heures 1/4, rue Duplessis, avenue de Saint-Cloud, rue Saint-Pierre, avenue de Paris, cour de l'Hôtel-de-Ville, avenue Thiers, avenue de Sceaux, rue Royale, rue de l'Orangerie, route de Saint-Cyr, parc de Versailles.

FÊTE DE GYMNASTIQUE sous la présidence de M. le général *Pagès*, à trois heures, dans le parc de Versailles, près le bassin d'Apollon, par les 90 Sociétés ayant pris part aux concours, des détachements de troupes de la garnison, la Société de gymnastique de Versailles et les Sociétés musicales de la Ville.

Distribution solennelle des récompenses à l'issue de la fête de gymnastique devant la tribune d'honneur.

CONCOURS DE TIR au stand du Mail.

GRANDES-EAUX dans le Parc, à quatre heures et demie.

FÊTE DE NUIT, à neuf heures du soir, au bassin de Neptune, avec le concours de la Société des Fêtes versaillaises.

Pavoisement et illumination des monuments et édifices publics.

Le Maire de Versailles,

Édouard LEFEBVRE.

VILLE DE VERSAILLES

FÊTES DU CENTENAIRE DE 1789

SALLE DES VARIÉTÉS

Le Samedi 3 Août 1889, à 8 heures 1/2 précises

CONFÉRENCE PUBLIQUE

Par M. Léon JOURNAULT, sénateur

SUR

LA NUIT DU 4 AOUT 1789

Organisée sous la Présidence de M. le Maire de Versailles
par la Bibliothèque populaire

avec le concours de

Mme SEGOND-WEBER, du Théâtre national de l'Odéon

LA SOCIÉTÉ PHILHARMONIQUE ET LA SOCIÉTÉ ORPHÉONIQUE

PROGRAMME

Avant la conférence :

LA MUETTE, chœur, par la Société orphéonique, dirigée par M. Paget.

Après la conférence :

Ouverture de LA MUETTE (Auber), par la Société philharmonique dirigée par M. Cousin.

JACQUES (Béranger), chanson dite par Mme Segond-Weber.

PRÉDICTION DE NOSTRADAMUS (Béranger), dite par Mme Segond-Weber.

SCHILLER-MARCH (Meyerbeer), par la Société philharmonique.

LA MARSEILLAISE (Rouget de l'Isle), dite par Mme Segond-Weber, avec mélopée de M. Cousin, exécutée par la Société philharmonique et la Société orphéonique.

Les Dames sont invitées.

Le Maire,
Édouard LEFEBVRE.

CONCOURS DE GYMNASTIQUE

MÉDAILLES ET PRIX

LISTE DES DONATEURS

MM. Un anonyme.
Association régionale des Sociétés de gymnastique.
Barbe, député de Seine-et-Oise.
Barré, député de Seine-et-Oise.
Bart (Victor), président de la Société des Fêtes versaillaises.
Bigault, notaire.
Bourcy, procureur de la République.
Breteuil, propriétaire.
Carnot, président de la République.
Chambre syndicale des Vins en gros du Département et de Versailles.
Christen, conseiller municipal.
Conseil général de Seine-et-Oise.
Delarue et Cie, négociants.
Deroisin, conseiller général.
Desaide.
Descombles, propriétaire.
Dufayel, négociant.
Durand, président du Tribunal civil.
Feray, sénateur de Seine-et-Oise.
Gauthier (de Clagny), conseiller général.
Haussmann, conseiller général.
Hayem, conseiller général.
Herbette, conseiller général.
Journault, sénateur de Seine-et-Oise.
Laffitte (Paul), conseiller municipal.

MM. Lange, capitaine des Sapeurs-Pompiers.
Le Bailly.
Lecointe, limonadier, 49, rue Duplessis.
Lefebvre (Edouard), maire de Versailles.
Legrand, conseiller d'arrondissement.
Lehuen-Magnier, négociant.
Maze, sénateur de Seine-et-Oise.
Ministère de l'Agriculture.
Ministère de la Guerre.
Ministère de l'Instruction publique.
Minssen (Auguste), professeur de gymnastique.
de Montfleury, propriétaire.
Muckensturm, limonadier.
Muller, brasseur.
Ottenheim, conseiller général.
Pajard, conseiller municipal.
Perdrieux, officier de l'armée territoriale.
Quéro, conseiller municipal.
Rémoiville, député de Seine-et-Oise.
Say (Léon), sénateur de Seine-et-Oise.
Séhé (Désiré), président de l'Association de gymnastique de Seine-et-Oise.
Simon, administrateur du Mont-de-Piété.
Société des Sans-Souci du 2e arrondissement.
Sylvestre de Sacy, percepteur de Versailles.
Syndicat des Vins de la ville de Versailles.
Tissu, conseiller municipal.
Union des Sociétés de gymnastique de la Région de Paris.
Union du Commerce et de l'Industrie.
Védrine, adjoint au maire.
Ville de Versailles.

CONCOURS DE GYMNASTIQUE

4 AOUT 1889

COMMISSION D'ORGANISATION

Président : M. VÉDRINE, adjoint.
Vice-Présidents : M. Victor BART. M. DUBILLON. M. HUSSENOT.
Secrétaire : M. POUILLIER.
Trésorier : M. EVE.

MEMBRES DE LA COMMISSION

MM. DRET, SCALIER (Société de gymnastique).
MASSON (Société de tir).
COUTURIER, MOUTON (Société des fêtes).
TERRADE (Président du Vélo-Sport).
DESCHAMPS (Commandant).
CRESSIGNY (Capitaine).

PARTIE TECHNIQUE

MM. Auguste MINSSEN, Auguste LAFAYE, LALLEMAND — Professeurs.

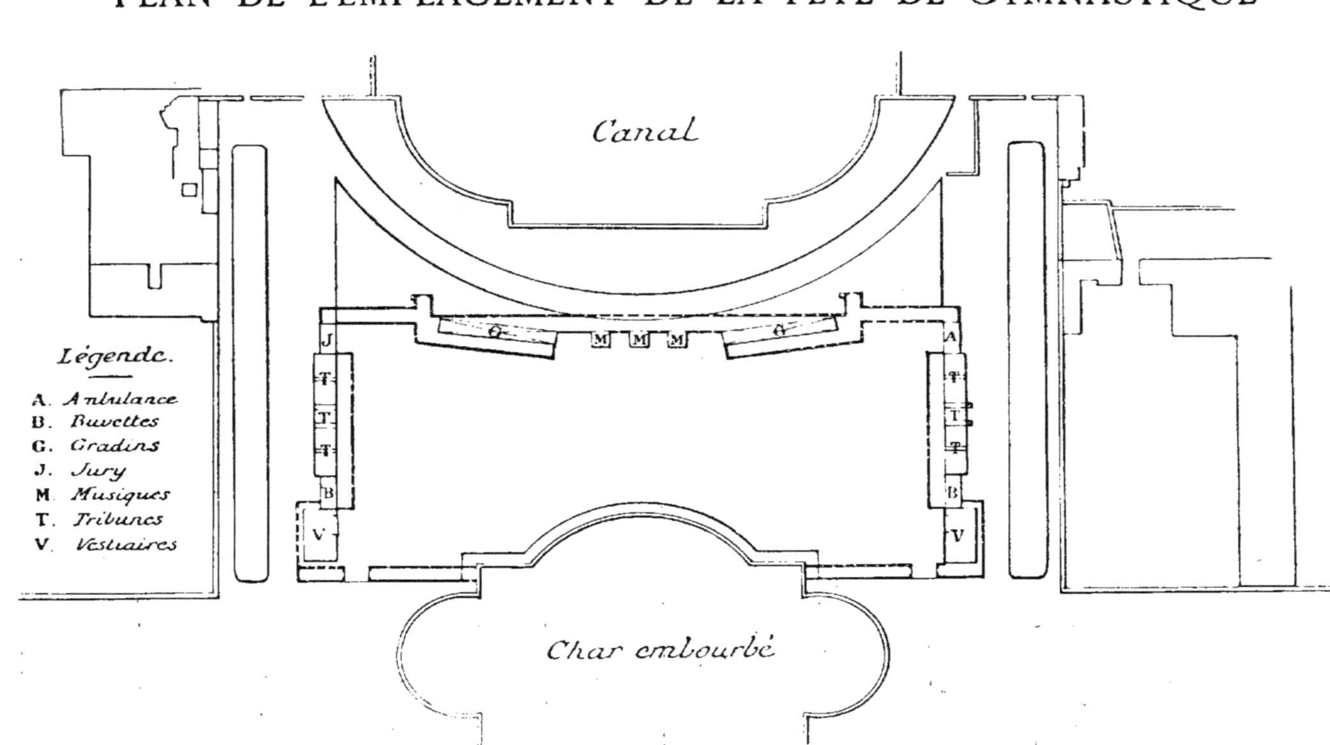
PLAN DE L'EMPLACEMENT DE LA FÊTE DE GYMNASTIQUE
Canal
Char embourbé
G
M
M
M
G
J
A
T
T
T
B
V
Légende.
A. Ambulance
B. Buvettes
G. Gradins
J. Jury
M. Musiques
T. Tribunes
V. Vestiaires

RÉPUBLIQUE FRANÇAISE

VILLE DE VERSAILLES

VILLE DE VERSAILLES

FÊTE DU PETIT-MONTREUIL

Quartier des Chantiers

DIMANCHE 7 ET LUNDI 8 JUILLET 1889

DIMANCHE 7 JUILLET

JOUR DES GRANDES-EAUX A VERSAILLES

SALVES D'ARTILLERIE, *à 8 heures et à 6 heures*

A huit heures, *rue du Chemin-de-Fer,* ouverture du

GRAND CONCOURS NATIONAL DE TIR

Avec Primes.— Prix d'honneur : *un vase de Sèvres* offert par M. le Ministre des Beaux-Arts

A 10 HEURES :

GRAND'MESSE EN MUSIQUE EN L'ÉGLISE SAINTE-ÉLISABETH

Avec le concours de la *Société Philharmonique,* dirigée par M. Cousin.

A 2 HEURES, AVENUE DE PARIS

GRANDES COURSES DE VÉLOCIPÈDES

Organisées par le *Sport vélocipédique parisien*

Pour tous renseignements, s'adresser au siège de la Société, à Paris.

Le programme comprend cinq courses dans lesquelles quinze prix seront décernés aux vainqueurs.

DE 2 HEURES A 5 HEURES, RUE DES CHANTIERS ET AVENUE DE PARIS

GRAND CONCERT *par la musique municipale, dirigée par M. Fouant.*

A 8 HEURES 1/2 DU SOIR, PLACE DE L'OUEST ET RUE DES CHANTIERS

CONCERT

PAR LA FANFARE DU 20e BATAILLON DE CHASSEURS

Sous la direction de son chef, M. Porot.

A 9 HEURES :

ILLUMINATION GÉNÉRALE DU QUARTIER

LUNDI 8 JUILLET

A 8 HEURES, CONTINUATION DU CONCOURS DE TIR

A 1 HEURE, LACHER DE PIGEONS, par la SOCIÉTÉ COLOMBOPHILE VERSAILLAISE
Départ au siège de la Société, 1, rue Ménars

A 2 HEURES, JEUX DE GARÇONS ET DE DEMOISELLES
Ciseaux, entre la rue Saint-Martin et la rue de Limoges ;
Fleurs capricieuses, avenue de Paris ;
Chevilles et *Massacre des Œufs*, de l'autre côté du pont, 84, rue des Chantiers

A 3 HEURES RUE DES CHANTIERS AU COIN DE LA RUE DE NOAILLES

Enlèvement d'un Ballon et Pièces grotesques

Par M. LACHAMBRE, aéronaute de Paris

PENDANT LE GONFLEMENT ET L'ENLÈVEMENT DES BALLONS

GRAND CONCERT

PAR LA FANFARE DU 20e BATAILLON DE CHASSEURS

A 4 HEURES, DISTRIBUTION DE JOUETS

A 8 HEURES 1/2

RETRAITE AUX FLAMBEAUX

Ouverture de la marche par la Fanfare du 20e Bataillon de Chasseurs

1er CHAR, traîné par six chevaux, tenus en mains par des piqueurs

LE CENTENAIRE

MUSIQUE MUNICIPALE

2e CHAR, traîné par quatre chevaux, *LA JEUNESSE*

ILLUMINATIONS — FEUX DE BENGALE — FEU D'ARTIFICE PENDANT LA MARCHE

Par M. BALLOSSIER, artificier de la ville de Paris

ITINÉRAIRE. — *Départ :* rue des Chantiers, 84. — *Parcours :* rue des Chantiers, avenue de Paris, avenue Thiers, rue Royale, rue d'Anjou, rue Saint-Martin, rue de Noailles, avenue de Paris, rue de Vergennes, place de l'Ouest.

DIMANCHE 7 ET LUNDI 8 JUILLET

Bal organisé par les Commissaires de la Fête

Place de l'Ouest sous la direction de M. CHÉRET.

Pour les Chars et les Jeux se faire inscrire chez M. DESÉCHALIER, commissaire, rue des Chantiers, 14, ainsi que pour déposer les lots qui seront offerts pour les Jeux. — Pour les marchands forains, envoyer une demande à la Mairie, qui indiquera les places. Les places seront distribuées le lundi 1er juillet, à dix heures du matin.

Le Président, BACHELET. — *Le Vice-Président*, COUTURIER. — *Le Secrétaire*, PICUT.

Les Commissaires de la Fête : BODINEAU, BONHOMME, BONHOMME (fils), BOUTIER, DESÉCHALIER, EDOUARD, FRONTY, LEUILLET, MAITRE, PEUROU, PONAL, ROBINEAU.

RÉPUBLIQUE FRANÇAISE

LIBERTÉ — ÉGALITÉ — FRATERNITÉ

VILLE DE VERSAILLES

FÊTE NATIONALE

DU 14 JUILLET 1889

DIMANCHE 14 JUILLET

SALVES D'ARTILLERIE le matin, à midi et le soir

Distributions aux vieillards dans les Établissements hospitaliers et aux enfants dans les Orphelinats. — Secours extraordinaires aux indigents

ILLUMINATION DES ÉDIFICES PUBLICS

DIMANCHE 21 JUILLET

A UNE HEURE

REPRÉSENTATION GRATUITE AU GRAND-THÉATRE

A QUATRE HEURES

GRANDES-EAUX

DE TROIS HEURES A QUATRE HEURES ET DEMIE

CONCERT AU PARC

par une Musique militaire

A NEUF HEURES DU SOIR, PLACE D'ARMES

FEU D'ARTIFICE

Le Maire invite ses concitoyens à pavoiser et à illuminer leurs maisons.

Versailles, le 5 juillet 1889.

Le Maire de Versailles,
EDOUARD LEFEBVRE.

RÉPUBLIQUE FRANÇAISE

VILLE DE VERSAILLES

QUARTIER DE MONTREUIL

FÊTE PATRONALE

DE

SAINT-SYMPHORIEN

DIMANCHE 18 ET LUNDI 19 AOUT

DIMANCHE A 10 HEURES

GRAND'MESSE EN MUSIQUE

A 1 HEURE 1/2 PLACE SAINT-SYMPHORIEN

MAT DE COCAGNE

A 3 HEURES CARREFOUR MONTREUIL

JEU DES CRUCHES CASSÉES

Pour les Demoiselles

A 2 HEURES 1/2 CARREFOUR MONTREUIL ET A 4 HEURES PLACE SAINT-SYMPHORIEN

CONCERT PAR LA MUSIQUE MUNICIPALE

A 8 HEURES

GRANDES ILLUMINATIONS

LUNDI CONTINUATION DE LA FÊTE

A 1 HEURE, CARREFOUR MONTREUIL ET PLACE SAINT-SYMPHORIEN

SALVES PAR DES BOMBES AÉRIENNES

A 3 HEURES PLACE SAINT-SYMPHORIEN

Jeu des

AVALEUSES DE FICELLES

Pour les Demoiselles

A 2 HEURES 1/2 AVENUE DE PICARDIE

JEU DU TRIANGLE

Pour les Garçons

A 4 HEURES 1/2, BOULEVARD DE LESSEPS

JEU DES SÉBILLES, pour les Garçons

A 8 HEURES DU SOIR :

GRANDE FÊTE DE NUIT

Grandes illuminations avec ballons et verres de couleurs
Feu d'artifice de parcours.

DÉPART :

Carrefour Montreuil, rue de Montreuil, boulevards de Lesseps et de la République.

A 9 HEURES 1/2 DU SOIR :

GRAND FEU D'ARTIFICE

Rond-point du Boulevard de la République

DIMANCHE ET LUNDI GRANDS BALS DE JOUR ET DE NUIT

GRANDE TOMBOLA DE BIENFAISANCE

LE BILLET 50 CENTIMES, SE TROUVE CHEZ TOUS LES MEMBRES DE LA COMMISSION

Le Secrétaire,	*Le Vice-Président*,	*Le Président-Trésorier*,
BOURBON.	MÉNAGER.	CLÉMENT.

On pourra se faire inscrire pour les Jeux :

Des Sébilles, chez M. JULIAN, boulevard de Lesseps.
Du Triangle, chez M. IMBERT, rue de Montreuil, 7.
Du Mât de Cocagne, chez M. LECHEVOIR, 4, place Saint-Symphorien.
Des Cruches cassées, chez M. BOURBON, rue de Montreuil, 20.
Des Avaleuses de Ficelle, chez M. GUYARD, rue de Montreuil, 9.

DISTRIBUTION DE JOUETS AUX PETITS ENFANTS

RÉPUBLIQUE FRANÇAISE

VILLE DE VERSAILLES

VILLE DE VERSAILLES

SOCIÉTÉ DES FÊTES VERSAILLAISES — ŒUVRE D'UTILITÉ PUBLIQUE ET DE BIENFAISANCE

FÊTE PATRONALE DE SAINT-LOUIS

DIMANCHE 25 AOUT 1889

DE 2 A 4 HEURES :

JOUTES SUR LE CANAL par des jouteurs de 1er ordre. — Le cortège des jouteurs à leur arrivée à Versailles, à midi et demi, traversera la Ville accompagné de la Musique dirigée par M. Fleury

A 4 HEURES 1/2 :

GRANDES-EAUX DANS LE PARC

LE SOIR A 8 HEURES 1/2 :

GRANDE FÊTE DE NUIT

AU BASSIN DE NEPTUNE

BRILLANTE ILLUMINATION A GIORNO

Par l'emploi de 50,000 verres de couleurs et de 64 grands portiques lumineux

A 9 HEURES : FEU D'ARTIFICE

MÊLÉ AU JEU DES EAUX

DIVERSES COLORATIONS DES JETS

NOMBREUX FEUX D'EAU SUR LE BASSIN, EFFETS NOUVEAUX

A 9 HEURES 1/2 :

EMBRASEMENT GÉNÉRAL DES BOSQUETS

Jusqu'à l'arc-de-triomphe terminant le féerique amphithéâtre lumineux qui se déploiera sous les yeux des spectateurs

LA VILLE DE VERSAILLES PEUT SEULE OFFRIR CE MERVEILLEUX SPECTACLE

A la FÊTE DE NUIT, Grande tribune : Places réservées à 10 francs et à 5 francs. On trouvera des billets dans les Grands Hôtels ou à la Tribune même, dans le Parc, à partir de 8 heures du matin le jour de la fête. — Chaises en avant de la Tribune : 1 franc.

Aux Joutes, droit d'entrée pour le public : 0 fr. 50 c. et 0 fr. 25 c. Les membres de la Société des Fêtes entreront gratuitement, tant aux Joutes qu'à la Fête de Nuit, sur la simple représentation de leur carte de Sociétaire.

DES COLLECTES SERONT FAITES POUR LES PAUVRES

LE MÊME JOUR :

FÊTE FORAINE DE SAINT-LOUIS

CONCOURS OUVERT PAR LA SOCIÉTÉ DE TIR AU STAND DU MAIL

GRANDE EXPOSITION FLORALE DANS LE PARC

EXPOSITION DE LA SOCIÉTÉ DES AMIS DES ARTS AU PALAIS

VISITE DES MUSÉES ET DES TRIANONS

L'HOTEL-DE-VILLE ET LE QUARTIER SAINT-LOUIS

SERONT ILLUMINÉS

NOTA. — Aux deux gares des Chemins de Fer (R.-D. et R.-G.) Trains supplémentaires suivant les besoins du service

DERNIER DÉPART DE VERSAILLES (R.-D. ET R.-G.) : A MINUIT

Le Président de la Société des Fêtes,
Victor BART.

Le Maire de Versailles,
ÉDOUARD LEFEBVRE.

TABLE DES MATIÈRES

PREMIÈRE PARTIE

DEUXIÈME PARTIE

Achevé d'imprimer
pour la Ville de Versailles
par CERF ET FILS
le 5 juin 1891

www.ingramcontent.com/pod-product-compliance
Ingram Content Group UK Ltd.
Pitfield, Milton Keynes, MK11 3LW, UK
UKHW021151260726
13994UKWH00001B/390

9 782329 305738